LIMITES AO ARGUMENTO ECONÔMICO NA PRODUÇÃO DE NORMAS JUDICIÁRIAS PELO STF EM CONTROLE CONCENTRADO E REPERCUSSÃO GERAL

CIP-BRASIL. CATALOGAÇÃO NA PUBLICAÇÃO

SINDICATO NACIONAL DOS EDITORES DE LIVROS, RJ

P883L

Porto, Roberta França
Limites ao argumento econômico na produção de normas judiciárias pelo STF em controle concentrado e repercussão geral / Roberta França Porto. - 1. ed. - São Paulo : Noeses, 2024.

226 p. ; 23 cm.
Inclui bibliografia
ISBN 978-85-8310-151-2

1. Brasil. Supremo Tribunal Federal. 2. Hermenêutica (Direito). 3. Positivismo jurídico. 4. Controle de constitucionalidade - Brasil. 5. Repercussão geral (Direito). I. Título.

23-86975 CDU: 340.132.6:342.531.43(81)

Meri Gleice Rodrigues de Souza - Bibliotecária - CRB-7/6439

Roberta França Porto

Mestre em Direito Tributário pelo Instituto Brasileiro de Estudos Tributários (IBET). Advogada tributarista. Especialista (Pós-Graduada *lato sensu*) em Direito Tributário pelo Instituto Brasileiro de Estudos Tributários (IBET). Possui Extensão em Planejamento Tributário pelo IBET. Professora do Instituto Brasileiro de Estudos Tributários (IBET). Graduada em Direito pelo Centro Universitário de Rio Preto (UNIRP).

LIMITES AO ARGUMENTO ECONÔMICO NA PRODUÇÃO DE NORMAS JUDICIÁRIAS PELO STF EM CONTROLE CONCENTRADO E REPERCUSSÃO GERAL

2024

editora e livraria

NOESES

Copyright © Editora Noeses 2024
Fundador e Editor-chefe: Paulo de Barros Carvalho
Gerente de Produção Editorial: Rosangela Santos
Arte e Diagramação: Renato Castro
Revisão: Microart
Designer de Capa: Aliá3 - Marcos Duarte

Data de atualização: 09.11.2023

2024

editora e livraria
NOESES

Editora Noeses Ltda.
Tel/fax: 55 11 3666 6055
www.editoranoeses.com.br

Diego, o meu conceito de amor.

DEDICATÓRIA

À minha mãe, meu anjo, minha luz e minha saudade infinita, que acreditou em mim, colocou-me neste caminho antes de ir morar com o Papai do Céu e que, com certeza, me sustentou durante essa caminhada com o seu amor que nunca foi embora.

Ao meu pai, meu maior herói, que acordou antes do sol e dormiu depois que todos já dormiam durante muitos anos para que minhas irmãs e eu pudéssemos estudar, por ser meu porto seguro e maior exemplo de coragem.

Ao meu filho Diego, meu coração inteiro, que me compreende, apoia e me entrega tanto carinho, pela sua paciência durante essa jornada e pelo amor sem o qual eu nem existiria.

Às minhas irmãs Paula e Carolina, minhas estrelas, pelo colo carinhoso e cheio de amor.

A todos eles, meu amor e minha gratidão.

AGRADECIMENTOS

As conquistas mais importantes da vida são aquelas que construímos junto de pessoas que conosco dividem conhecimento, dedicam seu tempo e atenção, que nos ouvem nos melhores momentos, mas, principalmente, nos difíceis, nos entregam sua amizade e ajudam a construir quem somos.

Este trabalho é, assim, resultado de uma caminhada acompanhada de pessoas incríveis.

Por isso, agradeço ao Mestre, professor Paulo de Barros Carvalho, pela sua atenção generosa, por ter acreditado em mim e pelas portas que por ele me foram abertas.

Ao professor que me orientou, Robson Maia Lins, por suas importantes lições e pelas conversas capazes de enriquecer muito mais do que ao meu trabalho, mas também a mim.

Ao meu amor, Henrique Mello, por dividir comigo suas melhores ideias, por se ocupar me ouvindo e pelo apoio sem o qual este trabalho não existiria.

À professora Marina Figueiredo, pela acolhida carinhosa e pelas muitas diretrizes que me deu.

Ao professor Lucas de Britto, pelos aconselhamentos precisos, que tanto influenciaram as minhas pesquisas e trabalhos acadêmicos.

Aos que, com a amizade incondicional e muito profissionalismo, suportaram minha ausência no escritório durante esse percurso e me representaram tão bem: Gabriel Costa, Marcelo Signorini, Ramiz Sabbag Junior, Bruna Tesolin, Giovana Mazzo, João Olmos e Natália Quinalha.

À minha irmã de coração Alessandra Uhl, pelo seu amor em tempo integral.

Aos meus grandes amigos, sem os quais teria sido impossível encarar os desafios desse caminho, pelas muitas conversas, trocas, desabafos e risos: Fernanda Martins, Olavo Leite, Ivy Siqueira e Danielle Mariotto.

Não teria a menor graça chegar até aqui sem todas essas pessoas.

Muito obrigada!

LISTA DE ABREVIATURAS E SIGLAS

ABDI – Agência Brasileira de Desenvolvimento Industrial

ADC – Ação Declaratória de Constitucionalidade

ADI – Ação Direta de Inconstitucionalidade

ADPF – Arguição de Descumprimento de Preceito Fundamental

AED – Análise Econômica do Direito

APEX – Agência Brasileira de Promoção de Exportações e Investimentos

CF – Constituição Federal

CIDE – Contribuições de Intervenção no Domínio Econômico

COFINS – Contribuição para o Financiamento da Seguridade Social

CPC – Código de Processo Civil

CTN – Código Tributário Nacional

EC – Emenda Constitucional

IPI – Imposto sobre Produtos Industrializados

IRPF – Impostos de Renda da Pessoa Física

ISSQN – Imposto sobre Serviços de Qualquer Natureza

LC – Lei Complementar

LINDB – Lei de Introdução às Normas do Direito Brasileiro

PIS – Programa de Integração Social

RE – Recurso Extraordinário

RMIT – Regra Matriz de Incidência Tributária

SEBRAE – Serviço Brasileiro de Apoio às Micro e Pequenas Empresas

STF – Supremo Tribunal Federal

PREFÁCIO

A obra que o leitor tem em mãos é fruto da exímia dedicação e das profundas investigações realizadas por Roberta França Porto ao longo de seu mestrado no Instituto Brasileiro de Estudos Tributários – IBET. A conquista do título foi marcada pelo sucesso de sua dissertação, cuja defesa se destacou em excelência, a qual tive a honra de participar na qualidade de orientador. É natural que o árduo trabalho tenha culminado na produção de uma obra com rigor científico e uma abordagem bem estruturada, que certamente acrescentará um grande valor ao cenário acadêmico, dada a relevância e atualidade do tema.

O trabalho repousa na análise dos limites da atividade nomogenética exercida pela Suprema Corte brasileira, especialmente em relação ao uso de argumentos extrassistêmicos, como fatos econômicos, na fundamentação das decisões.

Partindo da premissa de que a compreensão do direito como um sistema é essencial para examinar a validade e a coerência das decisões judiciais, preservando-se os contornos da Constituição Federal, a autora estuda julgamentos chave para demonstrar as implicações dessa celeuma e enfatiza a importância de uma atuação judicial fundamentada, de acordo com os princípios constitucionais, para assegurar a estabilidade democrática e a preservação dos direitos fundamentais.

Ainda nas premissas postas para o enfrentamento do tema, a autora tece considerações a respeito do processo comunicacional do Direito e da sua natureza enquanto intérprete e produtor de atos de fala, constituindo-se como um elemento crucial na organização social mediante o emprego da linguagem. No primeiro capítulo, são discutidas, de maneira concisa e aprofundada, as premissas essenciais da Teoria dos Atos de Fala, desenvolvendo a distinção entre a linguagem proferida em contextos jurídicos e não jurídicos.

A relevância da linguagem no sistema do Direito positivo é destacada no segundo capítulo, que aborda a transformação do evento em fato e do fato social em fato jurídico, mediante a linguagem eleita pelo sistema. Também são examinados os processos nomogenéticos e a formação da norma judiciária, desde sua abstração até sua concretude, compreendendo o percurso gerador de sentido e sua coordenação pelo sistema. Esse caminho é de fundamental importância para a fixação das balizas necessárias à compreensão dos termos em que o STF está sujeito às normas de competência e de estrutura exaradas pelo poder legislativo no exercício do controle de constitucionalidade.

Em seguida, é empreendida uma análise abrangente do sistema jurídico enquanto um conjunto de normas, com enfoque no sistema tributário nacional. Assim, a autora parte do estudo da norma fundamental de Kelsen para dialogar sobre a validade e a hierarquia das normas jurídicas, em busca de um fundamento admitido pelo sistema, isto é, da relação lógico-sintática entre o enunciado e o sistema do direito positivo.

Nessa toada, aponta para o início do debate acerca do estreito vínculo entre as linhas constitucionais e a introdução de normas tributárias, sustentando que aquelas que colidem com os direitos fundamentais, ainda que sob a justificativa de defesa dos interesses do Estado, não encontram respaldo no sistema tributário nacional.

No quarto capítulo, o foco se volta às fronteiras impostas à interpretação autêntica das normas jurídicas produzidas pelo Poder Judiciário. São analisados os limites da atividade interpretativa, a justificação e fundamentação das decisões judiciais como mecanismos de controle da produção normativa, bem como casos emblemáticos que abordam questões de controle de constitucionalidade e a manutenção de contribuições sem suporte constitucional, como o RE 603.624/SC (Tema 325 da Repercussão Geral) e o Tema 325 da Repercussão Geral.

O quinto capítulo se dedica a estabelecer, a partir do estudo da obra *As regras do direito e as regras dos jogos*, de Gregório Robles, o que seriam os argumentos extra e intrassistêmicos e os consequencialistas, frequentemente contidos nas decisões judiciais. Com base nesse estudo, destaca que a motivação e a fundamentação das decisões, ainda que sujeitas às várias possibilidades interpretativas, devem conservar a primazia dos argumentos jurídicos, sem se deixar conduzir por comandos próprios de outros sistemas – tampouco por valores prévios ou considerações extrajurídicas – garantindo a segurança jurídica e a estabilidade, bem como a certeza e a legalidade dos princípios tributários.

A autora sustenta essa premissa sem deixar de lado a inegável influência externa a que as decisões estão sujeitas – como o contexto do caso concreto e as questões socioeconômicas – todavia com a consciência de que o argumento econômico não deve aparecer mascarado de fundamentação, sob pena de acarretar o efeito reverso tanto em relação ao interesse social como à economia do país.

Por fim, são examinados os dispositivos que tratam das hipóteses de modulação de efeitos das decisões responsáveis por declarar a inconstitucionalidade de leis ou atos normativos, chamando a atenção para o fato de que os critérios estampados no art. 27 da Lei 9.868/1999 e no § 3º do art. 927 do Código de Processo Civil não constituem autorização legal para a judicialização de elementos não jurídicos.

Isso, pois as consequências de determinada decisão, ainda que atreladas à segurança jurídica ou ao excepcional interesse social, devem ser explícitas e relacionadas aos mandamentos constitucionais, sobretudo diante da complexidade do contexto socioeconômico brasileiro, que não guarda espaço para a prolação de decisões simplistas, que perigam, ainda, desrespeitar normas de competência.

Com esta abordagem, a autora contribui para uma compreensão sólida e aprofundada de controvérsias inesgotáveis e de suma relevância no contexto do contencioso brasileiro, fornecendo aos estudiosos, operadores do Direito e demais interessados uma valiosa fonte de conhecimento que instiga o debate acerca de alguns dos mais importantes desafios atualmente travados na prática e do entendimento do universo jurídico tributário.

Confio que este livro representará um auxílio indispensável na disseminação do saber jurídico, graças ao amplo conhecimento técnico e científico da autora sobre o tema, e cumprimento o Instituto Brasileiro de Direito Tributário – IBET, instituição em que a autora cursou o mestrado, e a Editora Noeses, pelo zelo na seleção de suas publicações, representado por mais esta obra de qualidade e importância excepcionais.

Robson Maia Lins

Professor da PUC/SP e do IBET.
Ex-presidente e ex-conselheiro do Conselho Nacional de Educação.
Vice-presidente do IBET.
Advogado.

SUMÁRIO

INTRODUÇÃO

Ao Supremo Tribunal Federal (STF) a Carta da República outorgou competência para a sua guarda, tarefa que se realiza por meio do julgamento de ações em controle concentrado e difuso de constitucionalidade, conforme previsão expressa de seu art. 102.

O efeito vinculativo *erga omnes* das decisões derivadas do controle de constitucionalidade, característico dos julgamentos de ações de controle concentrado, passou a ser conferido também às decisões proferidas em controle difuso, após a aprovação da Emenda Constitucional (EC) n.45 de 2004, para os casos em que for possível demonstrar a repercussão geral das questões constitucionais nele discutidas. A partir de então as decisões originárias do controle difuso deixaram de ter impacto apenas na relação das partes envolvidas no processo para dar lugar ao surgimento de enunciados gerais e abstratos, com reflexos percebidos em toda a sociedade.

Com a alteração do texto constitucional em 2004 e a amplitude dos debates havidos em controle difuso, qualquer questão constitucional pôde ser submetida à Suprema Corte brasileira e, assim, os julgamentos de casos concretos com repercussão geral reconhecida deixaram de fazer "lei" somente para os litigantes, para simplesmente fazer "lei".

Em matéria tributária as implicações desse novo modelo de controle de constitucionalidade são de substancial relevância, já que a Constituição Federal (CF) é exaustivamente composta por disposições de princípios e regras, inclusive competenciais, que determinam a extensão e as fronteiras da tributação no Brasil, servindo como alicerce para o exercício da competência tributária das ordens jurídicas parciais da União, dos Estados e do Município.

Participando mais ativamente da produção normativa no país em função do grande número de discussões em matéria tributária sujeitas à sua apreciação, cresceu também a interferência que a Corte exerce sobre o sistema tributário nacional, tão intimamente ligado à manutenção do Estado Democrático de Direito em que se funda a nossa República.

Nesse contexto, considerando que o Poder Judiciário é um poder não eleito justamente para que seja apartidário e imparcial e que, em razão de sua competência, deve trabalhar para a preservação dos valores tutelados pela CF, surgem questões que merecem ser debatidas com profundidade, especialmente aquelas que se referem aos limites da atividade nomogenética exercida pelo STF, guardião e intérprete final da Carta da República brasileira. Tais questionamentos formam o escopo dessa pesquisa que, ao final, pretende responder: (i) É possível que a Suprema Corte prolate decisão escorada em argumentos extrassistêmicos, isto é, que contenha em suas motivações fatos puros, não jurídicos, como é o caso do fato econômico?; (ii) A abertura semântica de alguns enunciados da Constituição – como ocorre com o *interesse público* – é a porta aberta para o emprego do argumento econômico?; (iii) A quem compete controlar a constitucionalidade da norma produzida por decisão do pleno do STF para que abusos e afrontas a direitos fundamentais sejam repelidos?

Para responder a essas questões, recorreremos à Teoria Geral do Direito e às lições do Constructivismo Lógico-Semântico, na tentativa de demonstrar as razões pelas quais é importante que o direito positivo seja compreendido e tratado como um sistema que, em função dessa qualidade, demarca as balizas de atuação daqueles que dele fazem parte, inclusive das pessoas habilitadas para a expedição de novas normas que a ele pertencerão.

Nosso caminhar se inicia com a verificação, apoiados na teoria de John Austin, de que o *direito é linguagem*, mas não apenas isso, é linguagem convencionada, construtora da sua própria realidade e, diversamente dos atos de fala produzidos pela linguagem ordinária, credencia pessoas e estabelece procedimentos para a expedição de mensagens capazes de alterar o ordenamento jurídico.

O direito, nesse sentir, manifestando-se por palavras, é *texto* que, como tal, sujeita-se, de acordo com a lição de Gregorio Robles, ao esforço interpretativo a ser realizado pelo receptor das mensagens prescritivas. O Poder Judiciário, nesse cenário, será, ao mesmo tempo, receptor e emissor de novas mensagens prescritivas: as normas jurídicas.

Quando materializadas em um documento normativo, que sirva como dado objetivo para a atividade interpretativa, estaremos diante da *norma jurídica em sentido amplo*. De outro lado, ao resultado da interpretação, articulada na forma lógica dos juízos hipotético-condicionais, dotadas de um todo deôntico de significação, chamaremos *norma jurídica em sentido estrito*.

As normas jurídicas, no entanto, não se apresentam sozinhas, fato que revela a noção fundamental de sistema, ponto de essencial importância para o nosso trabalho. As normas serão sempre parte de um contexto de normas em que seja possível encontrar desde aquela que outorga competência para a sua prolação, como também a que lhe dê fundamento de validade.

Veremos, ainda, que Paulo de Barros Carvalho, examinando a atividade interpretativa decorrente do respeito às determinações do próprio ordenamento jurídico, apresenta a trajetória da interpretação, descrevendo seu percurso gerador de sentido e reforçando a noção de que a norma jurídica em sentido estrito não pode ser concebida como um elemento isolado do ordenamento.

Por ser assim, a interpretação do enunciado prescritivo exige que o intérprete observe as predeterminações do sistema e, partindo do texto interpretado, busque amparo nos comandos da Constituição Federal – fundamento máximo de validade de determinado sistema de direito positivo. A validade, como procuraremos esclarecer, não é um atributo da norma, mas a condição de relação estabelecida entre a proposição normativa e o sistema, de maneira que, ao identificarmos uma norma válida, identificaremos também o seu pertencimento ao sistema.

Veremos, ademais, que, conforme a lição de Niklas Luhmann, o Poder Judiciário ocupa o centro do sistema no seu papel de operador, cabendo a ele a composição dos interesses conflituosos postos para julgamento. Sua atividade, assim, não se pode deixar permear pelo querer político e econômico originários de meios externos, sob pena de ameaçar a isonomia e a isenção de suas decisões. O legislador, diferentemente, alocado na periferia do sistema, deve buscar informações de relevância política e econômica, elegendo o que é relevante para o direito e, por meio de linguagem competente, voltando-se para o futuro, regular determinados comportamentos, indicado o que é lícito ou ilícito.

Tais noções nos importam porque, no Brasil, a proteção da forma federativa e da separação dos poderes se relaciona fortemente com a repartição de competências, enquanto os direitos e garantias individuais constitucionalmente previstos devem funcionar como verdadeiras travas para inovações no sistema tributário nacional, por limitar o poder de tributar.

O STF também está sujeito às imposições de observância do sistema, mesmo quando labora em última e definitiva instância, prolatando decisões com efeitos vinculante, da concepção de *intérprete autêntico* de Hans Kelsen.

A legitimidade das decisões, observaremos ainda, é dependente do conjunto de razões que dão suporte à interpretação realizada pelo julgador, que têm de ser reveladas em sua fundamentação, dever que se impõe para a proteção das garantias ao jurisdicionado, como o devido processo legal, o contraditório e a ampla defesa.

O exame do julgamento do Recurso Extraordinário (RE) 603.624/SC, Tema 325 da Repercussão Geral nos ajudará a verificar que as falhas na fundamentação das decisões judiciais colocam perigosamente no escuro eventuais parcialidades, argumentos desamparados de contexto sistêmico e, em algumas hipóteses, a atuação do Poder Judiciário para além das competências que lhes foram outorgadas.

Examinaremos, então, a impossibilidade de que o julgador, na qualidade de hermeneuta, traga em sua decisão elementos que não pertençam ao ordenamento jurídico ou desbordem dos acontecimentos sociais previstos nas hipóteses normativas. Assim, veremos que o fato econômico, cada vez mais presente na argumentação de decisões no âmbito do direito tributário, por mais relevante que pareça ser, se não for qualitativamente jurídico, é fato puro que não pode se sobrepor ao que é jurídico.

Partindo dessa premissa, construiremos a noção de que, para nós, argumento extrassistêmico é aquele que contenha em sua motivação fatos puros, pertencentes a outros sistemas, proveniente da atuação do Poder Judiciário como se estivesse alocado na periferia do sistema, na "zona de contato" reservada ao legislador.

Referidos argumentos, observaremos, são constantes quando o Poder Judiciário se esforça para a realização de prognóstico concernente às consequências produzidas por sua decisão, pautado em considerações sobre conveniência e oportunidade, descolando-se, desse modo, da análise do direito envolvido no conflito.

Nesse contexto, investigaremos o *ativismo judicial*, associado à ideia de uma participação mais ampla dos juízes na concretização dos valores tutelados pela Constituição Federal, com maior intervenção no campo em que atuam os Poderes Legislativo e Executivo.

O exame do julgamento do RE 946.648/SC, Tema 906 da Repercussão Geral, em que se discutiu a constitucionalidade da incidência do Imposto sobre Produtos Industrializados (IPI) sobre a revenda de produto importado, nos ajudará a demonstrar que, em casos como tais, a Corte Suprema, atenta aos dados econômicos levados aos autos por terceiros interessados na solução da causa, trabalha voltando-se para o futuro, alargando o conteúdo semântico da norma geral e abstrata e interferindo na economia.

Já convencidos de que o processo nomogenético, que ocorre com a prolação de decisões judiciais, só será democrático se os limites fixados pelo sistema forem observados, analisaremos a função jurisdicional na estabilidade da democracia.

Examinaremos, ademais, que o argumento econômico, derivado do pragmatismo jurídico, hoje muito influenciado pelo norte-americano Richard Allen Posner, distorce a construção da norma jurídica produzida pelo Poder Judiciário que, desamparada de fundamento de validade, introduz no sistema normas anuláveis. Além disso, verificaremos que, ao menos no Brasil, a análise econômica do direito se limita à pesquisa e consideração dos apelos das Fazendas Públicas.

Por essa razão, estudaremos ainda o instituto do interesse público, fundamento mais comum para tomadas de decisões em que o argumento econômico está presente, momento em que nos dedicaremos a demonstrar que os interesses do Estado podem ser diferentes daqueles manifestos pelas entidades que o representam e que o interesse público só será atendido quando a decisão adote solução com fundamento constitucional. Para melhor ilustrar o que pretendemos dizer neste ponto, analisaremos o julgamento do RE 878.313/SC, Tema 846 da Repercussão Geral.

Por fim, examinaremos algumas disposições do direito brasileiro que normatizam as consequências da decisão judicial, como é o caso do art. 27 da Lei n.9.868 de 1999, do § 3º do art. 927 do Código de Processo Civil (CPC) e do art. 21da da Lei de Introdução às Normas do Direito Brasileiro (LINDB). Veremos que os dois primeiros dispositivos se voltam às consequências da decisão depois que o mérito da questão posta para julgamento foi decidido e que a regra constante da LINDB, de aplicação apenas para os casos em que há o desfazimento de ato administrativo, ocupa-se de consequências jurídicas, capazes de corroborar com a constitucionalidade da decisão.

Nas três hipóteses, no entanto, será possível verificar que a não observância das regras constantes do sistema, a argumentação desprendida dos fatos jurídicos e a desatenção aos requisitos impostos pelos enunciados, terminará por ensejar o nascimento de norma judiciária viciada, como o que, do modo como vemos, ocorreu com a modulação dos efeitos provenientes do julgamento do RE 714.139/SC, Tema 745 da Repercussão Geral, em que os argumentos extrassistêmicos são evidentes.

1

O PROCESSO COMUNICACIONAL DO DIREITO E O PODER JUDICIÁRIO: INTÉRPRETE E PRODUTOR DE ATOS DE FALA

A demonstração da coincidência entre a Teoria dos Atos de Fala e a Teoria Comunicacional do Direito – em que se verifica a inestimável contribuição do Constructivismo Lógico-Semântico, é, para nós, apenas o primeiro passo da caminhada que pretende demonstrar que o processo nomogenético que se dá com a tomada de decisão por autoridade do Poder Judiciário deve ocorrer apesar de quaisquer interesses, ainda que sejam aparentemente genuínos, mas que não estejam revestidos de linguagem jurídica. E, para além disso, que a adjetivação *jurídica* só pode ser atribuída ao fato ou à norma, se condutas e procedimentos impostos pelas regras do direito forem observadas pelo autor do discurso normativo.

A compreensão e o debate acerca do questionável e perigoso emprego de argumentos extrassistêmicos na fundamentação de decisões judiciais passam, sem dúvidas, pela disponibilidade do estudioso em lançar um olhar mais profundo para o direito. A teoria encontra a prática e instrumentaliza para o enfrentamento de qualquer questão, proporcionando, nas palavras de Paulo de Barros Carvalho,[1] "o domínio da mente humana sobre o mundo circundante, particularmente, no nosso caso, a propósito das complexidades do fenômeno jurídico da incidência tributária".

No âmbito do direito tributário, interessa-nos investigar se a prolação de atos de fala pelo Poder Judiciário, especialmente os atos de fala prolatados pelo STF em controle concentrado de constitucionalidade e repercussão geral, tem observado as regras do jogo[2] de linguagem do direito positivo ou, ao contrário, tem permitido que o direito seja permeado por linguagem não jurídica, colocando em risco a tutela de seus valores mais relevantes e o próprio sistema tributário nacional.

1.1 Breves considerações sobre a teoria dos atos de fala: a organização social por meio da linguagem e suas funções

O direito surgiu para resolver os conflitos e a forma como uma sociedade se organiza. Assim, onde houver uma sociedade haverá direito e haverá *também* linguagem. Logo, só haverá sociedade onde os homens tiverem disposição para o entendimento entre si, o que apenas se

---

1. CARVALHO, Paulo de Barros. Para uma teoria da norma jurídica: da teoria da norma à regra-matriz de incidência tributária. Disponível em: https://l1nq.com/JK-CHL. Acesso em: 27 ago. 2021.

2. É de Gregorio Robles a aproximação feita aqui entre regras do jogo e regras do direito. Para Robles, tanto os jogos quanto os sistemas normativos são entes convencionais, formados por proposições linguísticas, dirigidos à ação humana, cujas regras são definidas em um espaço, em um dado período, por alguns sujeitos que têm suas competências e que usam procedimentos necessários ao cumprimento de certos deveres. A teoria do autor espanhol está desenvolvida no livro *As regras do direito e as regras dos jogos:* ensaio sobre a teoria analítica do direito. São Paulo: Noeses, 2011.

torna possível por meio da comunicação, porque existe linguagem.[3]

O direito, visto como um sistema comunicacional, é composto por atos linguísticos, que a Filosofia da Linguagem Ordinária, ou Pragmática da Linguagem, denomina de "atos de fala".[4]

A Pragmática tal como a conhecemos hoje, lembra José Luiz Fiorin,[5] tem início quando Austin começa a desenvolver sua Teoria dos Atos de Fala. A teoria de Austin é responsável pela distinção entre enunciados constatativos – e não descritivos, considerando ser a descrição apenas uma das funções desses enunciados – dos enunciados de fato, de pura constatação e pela introdução da ideia de que existem outros enunciados cuja função *não é descrever o ato que estaria praticando ao dizer o que disse, nem declarar que o estou praticando: é fazê-lo*,[6] isto é, a própria declaração das palavras, concretizada em determinadas circunstâncias, implica a execução de uma ação. *Nenhum dos proferimentos citados é verdadeiro ou falso*.[7]

A essas sentenças Austin chama sentenças performativas ou proferimentos performativos.

A lição de Manfredo Araújo de Oliveira,[8] a esse respeito, é de grande colaboração:

---

3. MORCHÓN, Gregorio Robles. *Teoría del derecho* (fundamentos de teoria comunicacional del derecho). 3. ed. Pamplona: Thomson Reuters, 2010. v. I, p. 85-86 (tradução nossa).

4. CARVALHO, Cristiano. *Ficções jurídicas no direito tributário*. São Paulo: Noeses, 2008. p. 30.

5. FIORIN, José Luiz. A linguagem em uso. *In:* FIORIN, José Luiz (org.). *Introdução é linguística:* objetos teóricos. 6. ed. São Paulo: Contexto, 2020. p. 170.

6. AUSTIN, John Langshw. *Quando dizer é fazer.* Tradução Danilo Marcondes de Souza Filho. Porto Alegre: Artes Médicas, 1990. p. 24.

7. AUSTIN, John Langshw. *Quando dizer é fazer* cit., p. 24.

8. OLIVEIRA, Manfredo A. de. *Reviravolta linguístico-pragmática na filosofia contemporânea*. 4. ed. São Paulo: Loyola, 2015. p. 153-154.

> Os atos constatativos, com os quais se fala do mundo, são verdadeiros ou falsos de acordo com a correspondência ou não a estados de coisa em questão; os atos performativos, por sua vez, são felizes ou infelizes (*happy* ou *unhappy*) na medida em que as condições para sua realização são cumpridas ou não. Essas condições são "normas convencionais", o que significa que aqui está em jogo a comunidade linguística e, portanto, o caráter intersubjetivo da linguagem humana.

E conclui:

> Os atos que executamos por meio dos enunciados performativos executam ações convencionais, ou seja, são executados na medida em que cumprem normas intersubjetivamente estabelecidas. Eles são atos precisamente na medida em que cumprem essas normas e não em virtude de intenções próprias do sujeito.

Buscando distinguir proferimentos performativos de proferimentos constatativos, Austin investiga em quantos sentidos se pode entender que dizer algo é fazer algo, ou que ao dizer algo estamos fazendo algo, ou mesmo os casos em que por dizer algo fazemos algo e assim, identifica os atos *locucionários*, dos *ilocucionários* e *perlocucionários*.

Nesse contexto, o ato locucionário consiste no próprio dizer, enquanto o ilocucionário naquilo que se faz ao falar alguma coisa e o perlocucionário, será o efeito provocado no destinatário pelo fato de dizer alguma coisa, que é produzido pela ação de dizer algo.[9]

O que se verifica, portanto, em Austin e em sua teoria, é uma visão performativa da linguagem. A linguagem é ação, é uma forma de agir no mundo e, desse modo, conforme conclui José Luiz Fiorin,[10] "é muito diferente dizer que, ao comunicar ou ao interagir, o homem descreve o mundo ou age no mundo".

---

9. MOUSSALLEM, Tárek Moysés. *Revogação em matéria tributária*. São Paulo: Noeses, 2011. p. 17-18.

10. FIORIN, José Luiz. A linguagem em uso cit., p. 173.

O direito positivo, nesse sentido, é criação humana, que se manifesta por atos de fala performativos, materializados em mensagens de caráter prescritivo, continuamente produzidas e emitidas aos seus destinatários, sempre modalizados por um operador deôntico (obrigatório, proibido ou permitido) que lhe confiam força ilocucionária. E, assim, sendo linguagem, age no mundo, interferindo nas relações intersubjetivas de acordo com os valores e interesses tutelados pela sociedade em que ele atua.

O legislador quando edita uma lei, o juiz quando prolata uma sentença, os particulares ao tratarem contratos, todos eles realizam atos de fala tomados em obediência a atos de fala anteriores (lei, sentença, contratos, devem obedecer ao sistema previamente vigente). E são, também, atos de fala performativos que vinculam, de alguma maneira, o agir posterior neles fundamentado.

Visto, portanto, como um sistema comunicacional, torna-se possível examinar a aplicabilidade da Teoria dos Atos de Fala ao fenômeno normativo.

1.1.1 Atos de fala no direito: a diferença entre fazer qualquer coisa ao falar e fazer qualquer coisa em direito ao falar

A Teoria dos Atos de Fala de Austin oferece suporte à visão adotada pelo Constructivismo Lógico-Semântico e pela Teoria Comunicacional do Direito que enxergam o direito manifesto em linguagem, capaz de construir sua própria realidade, buscando regular a conduta de determinada sociedade.

O direito, visto desse modo, surge por meio de tomada de decisões jurídicas. São os atos de fala, tidos como enunciação, que resultam em enunciados normativos postos no ordenamento.[11] É nesse contexto que Tárek Moussallem[12] afirma ser possível dizer que as normas são feitas com palavras e a linguagem, criadora das normas (em sentido amplo), está presente no legislar, no julgar, no executar e no contratar, ações que se realizam mediante palavras.

Fazendo menção às lições do polonês Christophe Grzegorczyk, Moussallem lembra, ainda, que, no direito, a importância da Teoria dos Atos de Fala está em saber que existe uma diferença radical entre “fazer qualquer coisa ao falar” e “fazer qualquer coisa *em* direito ao falar” e esclarece que a diferença entre o performativo proferido na linguagem ordinária e o proferido na linguagem do direito positivo está (i) nos efeitos, (ii) no procedimento e (iii) na enunciação.[13]

A respeito dessas três diferenças básicas, Tárek Moussallem[14] esclarece, então, que (i) o emprego da linguagem normativa, de modo diverso do que ocorre quando se faz uso da linguagem ordinária, cria de um novo *estado legal de coisas*; (ii) na linguagem do direito positivo é necessário que haja um procedimento normativamente estipulado para que um ato de fala possa ser proferido, o que não ocorre na linguagem comum em que os atos de fala são convencionalmente estipulados; e (iii) a terceira diferença reside no fato de que as normas habilitam pessoas que, ao expedirem atos de fala, alteram o ordenamento jurídico, seja em uma mais alta abstração e generalidade, seja em sua mais baixa concretude e individualidade.

Aqui, portanto, cabe retomar a observação de José Luiz Fiorin[15] no sentido de que para que a ação correspondente

---

11. TOMÉ, Fabiana Del Padre. *A prova no direito tributário:* de acordo com o Código de Processo Civil de 2015. 4. ed. São Paulo: Noeses, 2016. p. 309.

12. MOUSSALLEM, Tárek Moysés. *Revogação em matéria tributária* cit., p. 65.

13. MOUSSALLEM, Tárek Moysés. *Revogação em matéria tributária* cit., p. 66.

14. MOUSSALLEM, Tárek Moysés. *Revogação em matéria tributária* cit., p. 66-72.

15. FIORIN, José Luiz. A linguagem em uso cit., p. 170.

a um performativo seja de fato realizada será necessário não apenas que ele seja enunciado, mas, igualmente, que as condições de enunciação sejam adequadas, de modo que "um performativo pronunciado em circunstâncias inadequadas não é falso, mas nulo, ele fracassou".

Note-se, assim, que a teoria dos atos de fala aponta para a direção de um dos limites da produção normativa do direito: o filtro feito pela linguagem e procedimentos por ele mesmo estipulados.

A respeito dos atos performativos, aliás, John Austin já alertava para a necessidade de que os juristas, "mais que ninguém, se apercebessem do verdadeiro estado de coisas e advertia para o perigo de sucumbirem à sua própria ficção temerosa que uma declaração *de direito* é uma declaração de fato".[16]

É por ser assim que Paulo de Barros Carvalho[17] ensina que os enunciados do direito positivo não são expressões de atos de objetivação cognoscente e, desse modo, não se dedicam a reproduzir o real-social. Longe disso, esclarece Paulo de Barros, o vetor semântico que vincula tais enunciados ao "mundo da vida" contém, invariavelmente, um *dever ser*, no estado neutro, ou operando por modalização dos functores *obrigatório, proibido* ou *permitido*, ainda que o *dever ser* muitas vezes apareça disfarçado na forma apofântica, como se o legislador estivesse singelamente descrevendo situações da vida social ou eventos da natureza.[18]

---

16. AUSTIN, John Langshw. *Quando dizer é fazer* cit., p. 23.

17. CARVALHO, Paulo de Barros. *Curso de direito tributário*. 23. ed. São Paulo: Saraiva, 2011. p. 152-153.

18. Nesse ponto, cabe observar a relevante diferença entre a linguagem do direito positivo e da ciência do direito. A linguagem própria para a comunicação do conhecimento (vulgar ou científico) é a descritiva, isto é, informativa, declarativa, indicativa, denotativa ou referencial. É apresentada como um conjunto de proposições que remetem seu destinatário às situações por ela indicadas, submetem-se aos valores de *verdade* e *falsidade*, podendo ser afirmadas ou negadas por outras proposições de

A título de exemplo, não se deve supor que se trata de mera descrição quando a lei traz o enunciado de que a alíquota do Imposto Sobre Serviços de Qualquer Natureza (ISSQN) *é* 3%. Ou, ainda, a previsão constitucional de que Brasília *é* a capital nacional, entre tantos outros exemplos. Em qualquer um desses casos, o que está dito, em verdade, é que o conteúdo do enunciado legal *deve ser* aquele mencionado.

Nesse contexto, as regras para a expedição de normas jurídicas (atos de fala deônticos) são as sobrenormas jurídicas de formatação e transformação do direito positivo. Essas, leciona Tárek Moussallem,[19] são as regras fundantes do jogo de linguagem do direito positivo.

A função reguladora de condutas sociais outorgada ao direito positivo é dependente dessa estrutura em que apenas a linguagem competente pode criar realidade nova, desde que observados procedimentos e limites previstos pelo ordenamento para tanto. O contrário disso resultaria no desequilíbrio das relações sociais, instauração da insegurança

---

mesma ordem (CARVALHO, Aurora Tomazini de. *Curso de teoria geral do direito:* o constructivismo lógico-semântico. 5. ed. São Paulo: Noeses, 2016. p. 111).

Por outro lado, a linguagem do direito positivo, lançando-se no campo material das condutas intersubjetivas para organizá-las deonticamente, é prescritiva, já que seu objetivo é alterar os comportamentos nas relações intersubjetivas, orientando-os em relação aos valores que a sociedade pretende implementar. Tratando-se de linguagem normativa, não coincidente com a realidade, se sujeitará às valências de *validade* e *não validade*. (CARVALHO, Paulo de Barros. *Direito tributário:* fundamentos jurídicos da incidência. 10. ed. São Paulo: Saraiva, 2015. p. 33).

Logo, enquanto o discurso do direito positivo tem como materialidade a regulação de condutas intersubjetivas com a finalidade de discipliná-las, o discurso empregado pelo cientista do direito se preocupa em compreender e relatar o próprio direito positivo (seu objeto).

Entretanto, em que pese a evidente distinção entre as funções e o emprego da linguagem, claro nos parece também que, no processo de atribuição de sentido às formulações normativas, o caminho percorrido pelo intérprete (aqui interessando-nos mais de perto a interpretação feita pelo Poder Judiciário no âmbito da construção da norma judiciária em matéria tributária) certamente encontrará amparo exegético nos enunciados descritivos produzidos pela ciência do direito, o que revela a destacada importância do cientista do direito e da construção teórica para as resoluções pragmáticas.

19. MOUSSALLEM, Tárek Moysés. *Revogação em matéria tributária* cit., p.72.

e a absoluta imprevisibilidade da produção normativa (geradora de mais insegurança, mais instabilidade...).

Assim, a linguagem de produção do direito será ato de fala performativo na medida em que observa as regras estabelecidas no ordenamento, em detrimento das intenções próprias do sujeito.

Voltando ao exemplo das leis, das sentenças e dos contratos, estes são, portanto, atos de fala performativos com validade dependente da concretização dos efeitos performativos dos atos de fala anteriores e dos quais decorrem. Conclusão bastante objetiva, que se distancia de questões subjetivas como forma de garantir o valor jurídico "segurança jurídica".

1.2 O relato que transforma o evento em fato e o fato social em fato jurídico por meio da linguagem eleita pelo sistema do direito positivo

Para que possamos compreender melhor como a linguagem do direito atua sobre os acontecimentos da vida, selecionando e relatando aqueles que devem pertencer ao seu sistema, parece-nos oportuno distinguirmos evento, fato e fato jurídico. A importância dessa distinção, veremos adiante, guarda relação com a preservação do ordenamento jurídico. Isso porque, de acordo com a lição de Paulo de Barros Carvalho[20] (a) o direito posto, como camada linguística, se estrutura em forma de sistema autônomo e (b) os elementos desse conjunto são normas jurídicas (aqui utilizadas no sentido estrito), expressas mediante proposições hipotético-implicacionais e, por ser assim, um dos aspectos desse sistema é a construção de sua própria realidade que

20. CARVALHO, Paulo de Barros. O absurdo da interpretação econômica do "fato gerador" – Direito e sua autonomia – O paradoxo da interdisciplinariedade. *Revista da Faculdade de Direito da Universidade de São Paulo*, v. 102, p. 442, jan./dez. 2007.

não admite o ingresso de elementos que não estejam vertidos na linguagem determinada pelo próprio sistema.

Fabiana Del Padre Tomé[21] ensina, então, que o *evento* é o acontecimento do mundo fenomênico, despido de qualquer relato linguístico e que o *fato* é tomado como enunciado denotativo de uma situação, delimitada no tempo e no espaço. O fato é o evento relatado em linguagem e, portanto, fará sempre referência ao passado, a algo que já aconteceu e se esvaiu no tempo, razão pela qual temos acesso somente aos fatos e não aos eventos.

Por ser assim é que Tárek Moussallem[22] afirma que "os eventos não provam nada, simplesmente porque não falam. Sempre uma linguagem deverá resgatá-los para que eles efetivamente existam no universo humano".

Pertencente ao mundo da experiência, o acontecimento natural não pode integrar, consequentemente, nem o sistema jurídico, nem o social. Dessa maneira, apenas podem ingressar no sistema os enunciados compostos pela forma linguística própria adequada àquele sistema que pretendem pertencer. Logo, com o relato do evento em linguagem social, tem-se o *fato social* que, por sua vez, vertido em linguagem jurídica fará nascer o *fato jurídico*.[23]

A existência do fato jurídico e a relação entre sujeitos de direito que do fato se irradia exige, assim, a existência de uma linguagem que relate o evento acontecido no mundo da experiência e de uma linguagem que relate o vínculo jurídico que se instala entre duas ou mais pessoas.[24]

---

21. TOMÉ, Fabiana Del Padre. *A prova no direito tributário:* de acordo com o Código de Processo Civil de 2015 cit., p. 48.

22. MOUSSALLEM, Tárek Moysés. *Fontes no direito tributário*. São Paulo: Noeses, 2006. p.3.

23. TOMÉ, Fabiana Del Padre. *A prova no direito tributário:* de acordo com o Código de Processo Civil de 2015 cit., p. 49-50.

24. CARVALHO, Paulo de Barros. *Direito tributário:* fundamentos jurídicos da incidência cit., p. 36-37.

O fato jurídico, resume Moussallem,[25] é o resultado da incidência da linguagem normativa sobre a linguagem da realidade social, que só se torna possível pelo ato de aplicação do direito. "Através do ato de aplicação, o fato social torna-se jurídico e ingressa no sistema do direito positivo".[26]

É por isso que, há muito, Paulo de Barros Carvalho,[27] insiste que "o direito não conhece fatos jurídicos sem linguagem, tomando-se o jurídico, aqui, como plexo de efeitos que irradiam por força do acontecimento factual. Efeitos esses que se manifestarão igualmente em formas linguísticas".

Será, portanto, o próprio sistema do direito que irá determinar o que deve fazer parte dele ou não, determinando ainda qual a adequada linguagem para que a realidade social seja transformada em jurídica. Por isso, a linguagem eleita pelo direito atuará na constituição do fato jurídico tributário (fato que ingressou no ordenamento jurídico mediante o processo seletivo de filtragem desse subsistema) e, mais especificamente, do fato jurídico tributário, visto como enunciado protocolar que preenche os critérios da hipótese da regra-matriz de incidência tributária.[28]

É por ser assim, que, exemplificativamente, se João recebeu em um ano o montante de R$ 10 milhões de reais, mas esse evento não foi levado a conhecimento de nenhuma pessoa e, consequentemente, não foi relatado em nenhum tipo de linguagem, para o sistema social não há que se falar que é fato que João tenha se tornado um milionário naquele período. Se esse evento, porém, é capturado por

---

25. MOUSSALLEM, Tárek Moysés. *Fontes no direito tributário* cit., p. 135.

26. MOUSSALLEM, Tárek Moysés. *Fontes no direito tributário* cit., p. 135.

27. CARVALHO, Paulo de Barros. *Direito tributário:* reflexões sobre filosofia e ciência em prefácios. São Paulo: Noeses, 2019.p 73.

28. TOMÉ, Fabiana Del Padre. *A prova no direito tributário:* de acordo com o Código de Processo Civil de 2015 cit., p. 54-55.

linguagem, transforma-se em fato (primeiramente, social) e se, sobre ele, há aplicação da norma jurídica que preveja os critérios da regra-matriz de incidência tributária do Imposto sobre a Renda, surge aí o fato jurídico tributário. Passar-se-á a exigir de João o montante de 27,5% de Impostos de Renda da Pessoa Física (IRPF), através da produção de linguagem competente denominada "lançamento", constituidora do fato jurídico tributário.

A trajetória que torna possível que um determinado evento seja verificado como fato e um fato social em fato jurídico se dá por meio do emprego da linguagem e do processo comunicacional que, por sua vez, é dependente da atividade do intérprete que, como ocorre com os juízes e tribunais, também estão vinculados a predeterminações do sistema.

1.3 A mensagem comunicada pelo direito em contato com a vida real através da linguagem produzida pelo Judiciário

Criação humana, o direito tem origem nas decisões tomadas pelo homem em relação às condutas e valores que pretendem tutelar, configurando a vida em sociedade. Sem o artifício da entidade corporal, mas nem por isso menos real que as máquinas e edifícios, esclarece Gregorio Robles,[29] tais decisões só podem se expressar mediante palavras, de maneira que, se fossem suprimidas as palavras, o direito seria também, automaticamente, suprimido.

Nesse sentido, para a Teoria Comunicacional, cada ordenamento jurídico[30] é um texto gerado por atos de fala,

29. ROBLES, Gregorio. *O direito como texto:* quatro estudos de teoria comunicacional do direito. Tradução Roberto Barbosa Alves. Barueri: Manole, 2005. p. 47.

30. Não ignoramos que Gregorio Robles trata com distinção os conceitos de ordenamento e sistema, tema que será abordado, brevemente, mais adiante. De todo modo, o mais relevante é o tratamento do direito como mensagem integrante de um sistema comunicacional, assim como trata o Constructivismo Lógico-Semântico.

denominados decisões jurídicas e, assim, o direito será texto, tendo em vista que todo o ordenamento é suscetível de ser escrito.

É Robles[31] quem esclarece, ainda, que a semiótica e a hermenêutica proclamam uma concepção ampla do conceito de texto que alcança não apenas aquele escrito, mas qualquer realidade suscetível de interpretação. Nessa realidade estão inseridos todos os textos jurídicos, pois qualquer texto escrito é suscetível de interpretação, mas não apenas os escritos.

O direito positivo é, assim, um sistema de mensagens, insertas num processo comunicacional, produzidas e utilizadas pelo homem com o objetivo de canalizar o comportamento inter-humano em direção aos valores que a sociedade pretende alcançar.[32]

De modo geral, o termo comunicação implica o intercâmbio de uma mensagem entre um emissor e um receptor, mas, para que o processo comunicacional se efetive Paulo de Barros Carvalho[33] ensina que devem estar presentes: (1) o *emissor* – fonte da mensagem, quem comporta as informações a serem transmitidas; (2) o *canal* – é o suporte físico necessário à transmissão da mensagem; (3) a *mensagem* – é a informação transmitida; (4) o *código* (que deve ser comum ao emissor e ao receptor) – é o conjunto de signos e regras de combinações próprias a um sistema de sinais, conhecido e utilizado por um grupo de indivíduos ou, em outras palavras, é o quadro das regras de formação (morfologia) e de transformação (sintaxe) de signos; (5) o *receptor* – a pessoa

31. ROBLES, Gregorio. *O direito como texto:* quatro estudos de teoria comunicacional do direito cit., p. 49.

32. CARVALHO, Aurora Tomazini de. *Curso de teoria geral do direito:* o constructivismo lógico-semântico cit., 182.

33. CARVALHO, Paulo de Barros. *Direito tributário:* linguagem e método. 7. ed. São Paulo: Noeses, 2018. p. 173.

que recebe a mensagem, o destinatário da informação; (6) a *conexão psicológica* – é a concentração subjetiva do emissor e receptor na expedição e na recepção da mensagem; e (7) o *contexto* – o meio envolvente e a realidade que circunscrevem o fenômeno observado.

As mensagens do direito positivo estão sujeitas, nesse sentido, ao esforço interpretativo a ser realizado por seu receptor e, aqui, reside uma de nossas preocupações centrais: o Poder Judiciário é, ao mesmo tempo, receptor e emissor de mensagens prescritivas de direito, na medida em que participa do processo de incidência. É, nesse contexto, órgão composto por autoridades com competência para a tomada de decisões capazes de inserir novos textos no ordenamento jurídico.

Todavia, é importante lembrar, mais uma vez recorrendo à lição de Gregorio Robles,[34] diferentemente da linguagem do legislador (que é linguagem destinada a ordenar o Estado como uma totalidade harmônica), a linguagem do juiz é a linguagem da decisão que tem por finalidade particularizar o conteúdo da decisão do legislador, colocando-a em contato com a vida real.

---

34. ROBLES, Gregorio. *As regras do direito e as regras dos jogos:* ensaio sobre a teoria analítica do direito cit., p. 288.

2

NORMAS JURÍDICAS E O SISTEMA COMO REFERÊNCIA PARA O PROCESSO NOMOGENÉTICO

Para Arnaldo Vasconcelos,[35] o conceito mais simples de norma jurídica, embora envolva alguma redundância, é aquele originário do posicionamento da expressão sintética "jurídica" ao lado da correspondente expressão analítica "de direito", já que norma jurídica é norma de direito, isto é, norma de fazer direito. É, portanto, uma regra de fim, vocacionada para a realização do direito.

Sem conteúdo normativo, ensina Alfredo Augusto Becker,[36] a regra jurídica seria apenas uma proposição gramatical, já que é ela – a regra jurídica – que transforma o determinismo natural dos fatos sociais em determinismo artificial, "porque impõe àqueles fatos sociais uma

35. VASCONCELOS, Arnaldo. *Teoria da norma jurídica*. 3. ed. São Paulo: Malheiros, 1993. p. 26-27.

36. BECKER, Alfredo Augusto. *Teoria geral do direito tributário*. 4. ed. São Paulo: Noeses, 2007. p. 61.

distorção específica e um comportamento prefixado cuja estrutura e direção se apresentaram ao legislador como necessárias ao bem comum autêntico ou falso".

É de Augusto Becker,[37] ainda, um alerta de grande importância para o nosso estudo:

> Não se deve, pois, confundir as denominadas "leis" da Ciência das Finanças Públicas que, como as leis naturais, são leis de comprovação de fatos (fatos sociais de diversas ordens: econômicos, psicológicos, morais, etc.) com as leis do Direito Tributário que são leis de direção (regras de conduta). Ainda que se admitisse que o estudo científico no campo das Finanças Públicas pudesse fornecer regras jurídicas pré-fabricadas [...] ainda que, erroneamente se admita esta hipótese; subsiste, porém a distinção entre a conduta ou diretriz enquanto fato e a conduta ou diretriz enquanto regra (princípio rector de conduta). De modo que, no primeiro caso, teremos um estudioso da Ciência das Finanças e, no segundo caso, o contribuinte. É evidente que esta dupla angulação do problema deverá necessariamente provocar na atitude mental, daquele mesmo indivíduo, reflexos condicionados totalmente diferentes. A confusão num só dos dois ângulos, provocará naquele mesmo indivíduo uma reação anômala, uma conduta errada: ou teremos um estudioso da Ciência das Finanças Públicas agindo e reagindo ante a lei científica (diretriz ou princípio financeiro econômico) como se fosse um contribuinte; ou teremos um contribuinte, agindo e reagindo ante a lei tributária (regra jurídica) como se fosse um cientista.

Assim, no desempenho de sua função disciplinadora de condutas humanas intersubjetivas, o direito se expressa por normas jurídicas, que nunca existem isoladamente, mas sempre em um contexto de normas com relações particulares entre si, um ordenamento.[38]

Paulo de Barros Carvalho[39] ensina que a norma é proposição prescritiva decorrente do todo que é o ordenamen-

37. BECKER, Alfredo Augusto. *Teoria geral do direito tributário* cit., p. 61-62.

38. BOBBIO, Norberto. *Teoria do ordenamento jurídico*. Tradução Cláudio de Cicco e Maria Celeste C. J. Santos. Brasília/São Paulo: UnB/Polis, 1989. p. 19.

39. CARVALHO, Paulo de Barros. *Direito tributário:* linguagem e método cit., p.144.

to jurídico e enquanto corpo de linguagem vertido sobre o setor material das condutas intersubjetivas, o direito aparece como conjunto coordenado de normas, de tal modo que uma regra jurídica jamais se encontra isolada, estando sempre relacionada a outras normas, integrando determinado sistema de direito positivo.

No mesmo sentido Gregorio Robles[40] esclarece que a norma, ao contrário de outros atos de fala carregados de função diretiva, não se apresenta sozinha e o fundamento dessa característica se encontra na própria noção de norma, isto é, a norma é um comando dado por uma autoridade e a referência de autoridade implica necessariamente a existência de pelo menos uma outra norma: a de competência.

Sem norma um fato não adquire qualificação de fato jurídico e sem esta qualificação nenhum efeito é produzido. Nesse contexto, todo fato jurídico está inserido em um sistema de normas jurídicas, de modo que, sozinha, isolada, não é possível verificar sua validade ou exigibilidade, em sua observância e em sua aplicação, já que toda norma deve se originar de um sistema que prediga quais são os meios pelos quais as normas devem ser construídas ou desconstruídas.[41]

Por ser assim, Augusto Becker[42] afirma que "a lei não é um pássaro que o legislador solta abrindo as portas do Congresso", e completa: "A lei tributária não é um falcão real que do punho do Executivo alça voo para ir à caça do 'fato gerador'. A regra jurídica contida na lei (fórmula literal legislativa) é a resultante lógica de um complexo de ações e reações que se processam no sistema jurídico onde foi promulgada".

---

40. MORCHÓN, Gregorio Robles. *Teoría del derecho* (fundamentos de teoria comunicacional del derecho) cit., p. 185-186 (tradução nossa).

41. VILANOVA, Lourival. *Causalidade e relação no direito*. 4. ed. São Paulo: Revista dos Tribunais, 2000. p. 55.

42. BECKER, Alfredo Augusto. *Teoria geral do direito tributário* cit., p. 121-122.

Se não são concebidas, nem podem existir isoladamente, as normas jurídicas inseridas no sistema são capazes de interferir na sua estabilidade e provocar verdadeiros abalos sísmicos com a adição de normas que estejam em desacordo com aquelas que deveriam lhe dar fundamento de validade. A prolação de normas que tenham pertinência com o sistema é tarefa não apenas do legislador, mas do aplicador do direito – interessando-nos, mais de perto, a atividade desenvolvida pelo Poder Judiciário.

2.1 Normas jurídicas em sentido amplo e em sentido estrito

Certos da ambiguidade envolvendo a expressão norma jurídica e tratando o direito pela ótica da teoria comunicacional e do Constructivismo Lógico-Semântico, torna-se de fundamental importância distinguir quando seu emprego se opera em sentido amplo ou em sentido estrito, distinção, aliás, extremamente útil quando tratamos da aplicação do direito positivo.

O texto do direito, a exemplo do que ocorre com todo e qualquer texto, dispõe de um plano de expressão, por meio do qual o intérprete toma contato com a literalidade textual e, ainda, com um plano de conteúdo, onde, num segundo momento, o intérprete inicia o processo interpretativo.

Lucas Galvão de Britto,[43] nesse diapasão, ensina que esforço do homem para compreender o objeto jurídico deve partir sempre do substrato linguístico, do texto em sua acepção estrita, esclarecendo haver em todo signo uma base empiricamente verificável que serve de ponto de intersecção entre os sujeitos para possibilitar a intersubjetividade.

43. BRITTO, Lucas Galvão de. *O lugar e o tributo*. São Paulo: Noeses, 2014. p. 40-41.

Ao travar contacto com a materialidade física do texto legislado, Paulo de Barros Carvalho[44] esclarece que o intérprete pode ter de percorrer longo caminho, em termos de integração do sistema, de modo que, na maioria dos casos, buscará outros enunciados, até mesmo em diplomas bem diferentes daquele que examina, tudo para montar uma única regra do conjunto, obtendo, então, a plena esquematização formal da mensagem positivada.

Suporte ou materialidade física do texto, portanto, são enunciados prescritivos em base material gravada no documento normativo. Em seu plano de expressão o direito positivo é constituído pela linguagem idiomática na sua forma escrita, é dado objetivo ao qual todos que lidam com a realidade jurídica têm acesso.[45] Trata-se, aqui, do que chamamos *normas jurídicas em sentido amplo*, equivalentes, como visto, às disposições legais, instrumentos para a transmissão de um quanto de significação, que são parte integrante daquele juízo, sem necessariamente sê-lo.[46]

Chamaremos, de outro lado, *normas jurídicas em sentido estrito*, aquelas que se articularem na forma lógica dos juízos hipotético-condicionais, dotadas de um todo deôntico de significação: Se ocorrer o fato F, instalar-se-á a relação R entre dois ou mais sujeitos de direito (S' e S").[47]

O plano de expressão isoladamente nada diz, é preciso ingressar no plano de conteúdo para ter acesso à mensagem legislada.[48] Todavia, para que o intérprete possa transpor em

44. CARVALHO, Paulo de Barros. *Direito tributário:* fundamentos jurídicos da incidência cit., p.45.

45. CARVALHO, Aurora Tomazini de. *Curso de teoria geral do direito:* o constructivismo lógico-semântico cit., p. 245.

46. BRITTO, Lucas Galvão de. *O lugar e o tributo* cit., p. 38.

47. CARVALHO, Paulo de Barros. *Direito tributário:* linguagem e método cit., p. 193.

48. CARVALHO, Aurora Tomazini de. *Curso de teoria geral do direito:* o constructivismo lógico-semântico cit., 245.

termos intersubjetivos o resultado de seu esforço interpretativo, deverá verter em linguagem, representada por um novo suporte físico para uma mensagem que também será nova.[49]

Isso porque, para o direito, a transmissão adequada de sua mensagem pressupõe um emissor próprio, previsto pelo sistema jurídico como competente para a produção dela. Apenas estará autorizado a enviar uma mensagem prescritiva de condutas dentro do contexto jurídico aquele que tem sua ação embasada em outra regra anterior e superior que o permita assim proceder.[50]

Por exemplo, as sentenças somente podem ser validamente elaboradas por determinados agentes habilitados pelo Direito. Pessoas que cumpriram os requisitos exigidos em provas de concursos públicos, que tomaram posse, que passaram por períodos probatórios. Essas pessoas – os juízes – deverão não apenas interpretar as leis que aplicam, mas traduzir seu raciocínio em linguagem posta em novo suporte físico, alçando seu discurso à intersubjetividade. E esse discurso, que não é mais apenas dos juízes, deve buscar demonstrar sua validade nas normas jurídicas do próprio Direito Positivo.

Hans Kelsen[51] ensina que "a aplicação do Direito é simultaneamente produção do Direito" e é, "por conseguinte, criação de uma norma inferior com base numa norma superior ou execução do ato coercivo estatuído por uma norma". As normas jurídicas, assim, são as significações colhidas da leitura do texto normativo.[52]

---

49. BRITTO, Lucas Galvão de. *O lugar e o tributo* cit., p. 41.

50. MELLO, Henrique. Teoria comunicacional do direito e tipologia da legitimidade jurídica. *In:* BRITTO, Lucas Galvão de Britto (org.); CARVALHO, Paulo de Barros; ROBLES, Gregorio (coord.). *Teoria comunicacional do direito:* diálogo entre Brasil e Espanha. São Paulo: Noeses, 2017. v. 2, p. 467.

51. KELSEN, Hans. *Teoria pura do direito.* Tradução João Baptista Machado. 6. ed. São Paulo: Martins Fontes, 1998. p. 164.

52. IVO, Gabriel. Teorias sobre a incidência: a incidência como operação linguística. *In:* CARVALHO, Aurora Tomazini de (org.); CARVALHO, Paulo de Barros (coord.). *Constructivismo lógico-semântico*. São Paulo: Noeses, 2018. p. 266.

As normas jurídicas, esclarece Norberto Bobbio,[53] nunca existirão isoladamente, mas estarão sempre insertas dentro de um contexto de normas com relações particulares entre si, a que se costuma chamar ordenamento. Para o filósofo italiano "o Direito não é norma, mas um conjunto coordenado de normas, sendo evidente que uma norma jurídica não se encontra jamais só [...]".

O Direito tributário objetivo, nesse contexto, será, nas palavras de Geraldo Ataliba,[54] "o conjunto de normas jurídicas que regula a tributação, entendendo-se por tributação a ação estatal de tributar (isto é, de exigir tributos)".

Vemos, portanto, o direito se comunicando por meio das normas jurídicas que, por sua vez, nem podem ser tratadas isoladamente, nem podem ser editadas senão por intermédio da linguagem e por ato de autoridades eleitas pelo próprio direito positivo como capazes para a introdução de novas normas no ordenamento.

2.1.1 Da abstração à concretude: o processo nomogenético e a norma judiciária

A função pragmática do direito, ou o modo performativo em que sua linguagem é empregada – para que nos aproximemos do que vimos dizer sobre a Teoria dos Atos de Fala – é a prescritiva de condutas, regulando os comportamentos nas relações intersubjetivas, na exata direção dos valores tutelados por determinada sociedade.

Para a teoria moderna, a que nos filiamos, amparados na lição de Paulo de Barros Carvalho, a incidência se confunde com a aplicação, sendo imprescindível a ação do homem para a ocorrência desse fenômeno. Por essa

53. BOBBIO, Norberto. *Teoria do ordenamento jurídico* cit., p. 19 e 21.

54. ATALIBA, Geraldo. *Hipótese de incidência tributária*. 6. ed. São Paulo: Malheiros, 2000. p. 52.

perspectiva, o domínio do direito positivo é sintaticamente fechado, composto por linguagem própria que não se confunde com a linguagem da realidade social que, sendo assim, só admite o ingresso de elementos a ele exteriores quando relatados no seu código.

Nesse sentido, a constituição de direito e deveres correlatos como efeito jurídico de uma norma geral e abstrata só se opera com a produção de uma linguagem por um sujeito habilitado pelo sistema. Por ser assim, para Paulo de Barros Carvalho[55] a incidência não se dá "automática e infalivelmente", dada a necessidade de que o evento adquira expressão em linguagem competente, transformando-se em fato, fenômeno que, em suas palavras, não se dará:

> [...] se não houver um ser humano fazendo a subsunção e promovendo a implicação que o preceito normativo determina. As normas não incidem por força própria. Numa visão antropocêntrica, requerem o homem, como elemento intercalar, movimentando as estruturas do direito, extraindo de normas gerais e abstratas outras gerais e abstratas ou individuais e concretas e, com isso, imprimindo positividade ao sistema, quer dizer, impulsionando-o das normas superiores às regras de inferior hierarquia, até atingir o nível máximo de motivação das consciências e, dessa forma, tentando mexer na direção axiológica do comportamento intersubjetivo: quando a norma terminal fere a conduta, então direito se realiza, cumprindo seu objetivo primordial, qual seja, regular os procedimentos interpessoais, para que se torne possível a vida em sociedade [...].

Trata-se, conforme esclarece Fabiana Del Padre Tomé,[56] de ato mediante o qual se extrai de regras superiores o fundamento de validade para a edição de outras regras, cada vez mais individualizadas. É, portanto, pelo ato de aplicação do direito que se tem o processo de positivação.

---

55. CARVALHO, Paulo de Barros. *Direito tributário:* fundamentos jurídicos da incidência cit., p.35-36.

56. TOMÉ, Fabiana Del Padre. *A prova no direito tributário:* de acordo com o Código de Processo Civil de 2015 cit., p. 47.

Para o nosso estudo, vamos nos concentrar no plano pragmático da incidência, em que ela se dará com a efetivação da aplicação expressada também em linguagem, por um participante[57] do sistema. Nesse caminho, veremos que o direito vai determinando a sua própria criação, num movimento contínuo de autorreferencialidade.[58]

2.1.1.1 O percurso gerador de sentido e o processo de produção de normas judiciárias coordenadas pelo sistema

A aplicação dos enunciados prescritivos (base material) e a produção de normas jurídicas (estrutura categorial, construída, epistemologicamente, pelo intérprete) depende, como vimos, invariavelmente, do esforço interpretativo do exegeta. O resultado desse esforço, assim como o seu objeto, apresentará relevância jurídica quando a argumentação do intérprete for transformada em texto, sendo necessário, desse modo, a realização de um ato de fala (o resultado enunciado de uma interpretação jurídica em sentido amplo) sobre um ato de fala previamente elaborado no contexto do ordenamento jurídico.[59]

Nesse caminhar, a atividade interpretativa decorrente da observância das determinações do próprio ordenamento jurídico, quanto aos procedimentos e autoridades competentes por ele estipulados, caracterizará aplicação de normas gerais e abstratas, que pode estar relacionada ao cumprimento de uma norma de estrutura ou a uma norma de conduta.[60]

---

57. Para o nosso estudo escolhemos analisar mais de perto o comportamento do Poder Judiciário no processo positivação das normas. Sabemos, no entanto, que existem outras pessoas habilitadas pelo sistema para interpretar e, consequentemente, inserir normas novas no ordenamento.

58. IVO, Gabriel. *Norma jurídica:* produção e controle. São Paulo: Noeses, 2006. p. 42.

59. MELLO, Henrique. *Os terceiros na sujeição passiva tributária e o alterlançamento*. São Paulo: Noeses, 2020. p. 25-26.

60. MELLO, Henrique. *Os terceiros na sujeição passiva tributária e o alterlançamento* cit., p. 25.

Paulo de Barros Carvalho, dedicando-se a estudar a trajetória da interpretação, apresentou um modelo que envolve a interpretação sistemática, base do percurso gerador de sentidos e, assim, com fundamento na ciência que estuda os signos linguísticos, relacionou os quatro subsistemas em que o direito se manifesta: S1 (plano dos enunciados); S2 (plano das proposições); S3 (plano das normas jurídicas); S4 (plano da sistematização).

O primeiro subsistema (S1), determina o início da investigação exegética, bastando o contato cognoscitivo com o suporte físico para despertar, no intérprete, um processo mental de construção de sentido.

Trata-se do plano da expressão ou dos significantes, base empírica e objetiva dos documentos concretos, postos intersubjetivamente entre os integrantes de uma comunidade do discurso, que tem ponto de partida no contato com a literalidade textual, de onde estão as estruturas morfológicas e gramaticais em determinado idioma.

Os textos do direito positivo, a que se refere o plano S1, constituem conjuntos finitos de enunciados prescritivos, racionalmente organizados na forma de sistema.[61]

No segundo subsistema (S2), há o ingresso no plano do conteúdo. O intérprete, já tendo isolado a base física do texto que pretende analisar, lida, agora, com o significado dos signos jurídicos, fazendo associações e comparações, para estruturar, não simplesmente significações de enunciados, mas significações de cunho jurídico, capazes de transmitir algo peculiar ao universo das regulações das condutas intersubjetivas. Assim, avança agora disposto a atribuir valores unitários aos signos encontrados justapostos, selecionando

61. CARVALHO, Paulo de Barros. *Direito tributário:* fundamentos jurídicos da incidência cit., p.112-113.

significações e compondo segmentos portadores de sentido, formando proposições.[62]

Em seguida, delineados os conteúdos de significação de cada enunciado, no plano das proposições isoladamente consideradas, o exegeta passa agora à construção da mensagem jurídica. Aqui, no subsistema S3, encontra-se o conjunto articulado das significações normativas, ou o sistema de normas jurídicas *stricto sensu*, em que o intérprete, associando as proposições elaboradas no estágio anterior, na forma hipotético-condicional (H→C), constrói uma significação normativa (norma jurídica).

As proposições construídas em S2 não constituem um sentido normativo, razão pela qual é necessário que p intérprete promova a estruturação dos conteúdos produzidos no percurso gerativo de sentido, para que estes se apresentem como unidades completas de sentido deôntico (prescritivo). É interessante notar, ademais, que referidas proposições (S2) compõem as variáveis, hipótese e consequente da norma jurídica, mas podem ser consideradas separadamente. Desse modo, toda norma é uma proposição jurídica, mas o inverso não é verdadeiro.[63]

Paulo de Barros Carvalho[64] adverte, neste ponto, que "o *quantum* de significação obtido com o isolamento do arcabouço da norma jurídica não é suficiente para expressar a orientação da conduta, como algo definitivo". A completude da norma jurídica, nesse sentido, dependerá de indagações atinentes à contextualização. A última etapa do percurso gerador de sentido, objetiva, em suas palavras:

---

62. CARVALHO, Paulo de Barros. *Curso de direito tributário* cit., p. 151.

63. CARVALHO, Aurora Tomazini de. *Curso de teoria geral do direito:* o constructivismo lógico-semântico cit., 264-266.

64. CARVALHO, Paulo de Barros. *Direito tributário:* fundamentos jurídicos da incidência cit., p.122.

> [...] confrontar as unidades obtidas com o inteiro teor de certas orações portadoras de forte cunho axiológico, que o sistema coloca no patamar de seus mais elevados escalões, precisamente para penetrar, de modo decisivo, cada uma das estruturas mínimas e irredutíveis (vale novamente o pleonasmo) de significação deôntica, outorgando unidade ideológica à conjunção de regras que, por imposição dos próprios fins regulatórios que o direito se propõe implantar, organizam os setores mais variados da convivência social.

A norma jurídica, onde está incluída a prolatada pelo Poder Judiciário, portanto, não pode ser concebida como um elemento isolado do ordenamento, devendo com ele guardar pertinência, de maneira que, no subsistema S4 (plano das significações normativas sistematicamente organizadas), o intérprete passa a estabelecer os vínculos de subordinação e coordenação entre as normas que ele construiu. Por isso, no nível S4 da trajetória interpretativa, a norma jurídica é organizada numa estrutura escalonada.

É por ser assim que Eros Grau[65] afirma que o direito não se interpreta em tiras, em textos isolados. Para o autor, a interpretação de qualquer texto de direito impõe ao intérprete, sempre, o caminhar pelo percurso que se projeta a partir do texto até a Constituição Federal, de modo que um texto de direito desprendido do sistema jurídico não tem capacidade para expressar nenhum significado normativo.

O fluxo da incidência do direito traçado pelo percurso gerador de sentido é revelador do fundamental papel do julgador na produção normativa que ocorre no caminho da positivação das normas gerais e abstratas e a particularização de seu conteúdo que se dá quando são postas em contato com a vida real. O alerta que fica, porém, é de que, apesar de o ato interpretativo em si ser livre, a aplicação da norma que dá ensejo ao nascimento de uma outra deve se dar dentro dos limites impostos pelo próprio direito. Ao

---

65. GRAU, Eros Roberto. *Ensaio e discurso sobre interpretação/aplicação do direito*. 4. ed. São Paulo: Malheiros, 2002. p. 18.

julgador compete interpretar as normas já positivadas no ordenamento para nele inserir outras novas e não, arbitrariamente, criá-las.

2.2 Normas de comportamento e normas de estrutura

Como visto, as normas são jurídicas porque integram um sistema jurídico. E integram um sistema por terem sido produzidas segundo o que prescreve o próprio sistema. Dessa forma será possível identificar se determinada norma é ou não jurídica averiguando se sua produção se deu segundo o que prescrevem outras normas, chamadas "normas de competência".[66]

Teorizando sobre o ordenamento, Norberto Bobbio[67] acena para um importante critério de classificação das normas jurídicas diferenciando normas de comportamento e normas de estrutura, informando que:

> As normas de estrutura podem ser consideradas como normas para a produção jurídica: quer dizer, como as normas que regulam os procedimentos de regulamentação jurídica. Elas não regulam o comportamento, mas o modo de como regular um comportamento [...].
>
> Em cada grau normativo encontraremos normas de conduta e normas de estrutura, isto é, normas dirigidas diretamente a regular a conduta das pessoas e normas destinadas a regular a produção de normas.

Muito embora toda a norma jurídica que integre o sistema tenha por objeto a regulação de condutas humanas intersubjetivas, um exame mais atencioso das estruturas normativas, como aquele proposto por Bobbio, revelará que algumas unidades normativas têm objetivos distintos.

66. GAMA, Tácio Lacerda. *Competência tributária:* fundamentos para uma teoria da nulidade. 3. edição. São Paulo: Noeses, 2020. p. 159.

67. BOBBIO, Norberto. *Teoria do ordenamento jurídico* cit., p.45-46.

Enquanto algumas normas têm o objetivo final de ferir os comportamentos interpessoais modalizando-os deonticamente, outras regulam condutas visando a produção de novas estruturas deôntico-jurídicas, isto é, de normas que serão condição sintática para a produção de regras,[68] estruturando o processo criativo do direito, como o que ocorre com as normas competenciais.

De acordo com Tácio Lacerda Gama,[69] a *norma de competência em sentido amplo* engloba toda e qualquer proposição que concorra para programar essa aptidão, enquanto *norma de competência em sentido estrito* é o juízo hipotético-condicional que prescreve, no seu antecedente, os elementos necessários ao fato enunciação válida e, no seu consequente, a relação jurídica em cujo objeto estão os condicionantes materiais para a norma de inferior hierarquia. Leciona, nesse sentido, que a *norma de competência em sentido completo* pressupõe reunir, além da norma de competência em sentido estrito, uma norma jurídica que prescreva a sanção pelo exercício ilegítimo daquela.

Compreendido como linguagem e sendo fruto do processo de comunicação, a enunciação de novos textos no direito positivo é a função principal da hipótese das normas de competência tributária. A hipótese da norma de competência seleciona propriedades da enunciação que devem estar presentes, sob pena de não ocorrer a subsunção do fato (criador de normas) à norma (programadora de enunciação). Noutras palavras, a enunciação que não corresponde à hipótese da norma de competência conflita com o próprio sistema e enseja a invalidade formal do texto.[70]

---

68. CARVALHO, Paulo de Barros. *Direito tributário:* fundamentos jurídicos da incidência cit., p. 66.

69. GAMA, Tácio Lacerda. *Competência tributária:* fundamentos para uma teoria da nulidade cit., p. 93.

70. GAMA, Tácio Lacerda. *Competência tributária:* fundamentos para uma teoria da nulidade cit., p. 104.

Assim, o vínculo entre a forma (descrita na hipótese da norma de competência) e a matéria (delineada no objeto da relação jurídica) só pode ser estabelecido pelo conectivo deôntico neutro (→), aquele que vincula o acontecimento A à consequência B. Dessarte, o encontro entre forma e matéria é sintetizado pelo "*poder-dever*" que vincula a previsão hipotética do fato – enunciação da norma – à relação jurídica entre o sujeito competente e os demais que integram a sociedade, tendo como objeto a possibilidade de inserir texto jurídico versando sobre certa matéria. E esse conectivo interproposicional sintetiza a decisão, positivada da norma de competência, de submeter determinada matéria à enunciação de certo tipo.[71]

As normas introduzidas no sistema pelo Poder Judiciário não fogem à regra: competência e regulação de produção normativa estão previamente reguladas pelo ordenamento, estabelecendo os limites de sua atividade interpretativa.

2.2.1 O Supremo Tribunal Federal e o dever de obediência às regras de competência e estrutura

O STF tem sua competência outorgada pela Constituição Federal brasileira de 1988 (art. 102), mas, conforme leciona Lourival Vilanova,[72] é histórica a persistência de um órgão superior e último, incumbido do exercício da função jurisdicional.

Para o autor, a persistência do Supremo Tribunal é de ordem institucional, uma concreção histórica, que não é interrompida em sua integralidade inconstitucional, mesmo "diante da descontinuidade das sucessivas constituições". Por ser assim, Vilanova acredita não se tratar de simples

71. GAMA, Tácio Lacerda. *Competência tributária:* fundamentos para uma teoria da nulidade cit., p. 105.

72. VILANOVA, Lourival. *Escritos jurídicos e filosóficos.* São Paulo: Axis Mundi. IBET, 2003. p. 377-378.

criação legislativa do constituinte originário a instituição do STF, mas que, cada nova Constituição foi condicionada pela histórica tradição, um verdadeiro limite extraconstitucional, demonstrando que "histórica e sociologicamente inexiste ilimitação ao pretendido poder absoluto do legislador constituinte".

Nesse contexto, Robson Maia Lins[73] ensina, subdividindo as normas de estrutura em *normas de produção normativa* e *normas de revisão sistêmica*, que, as normas introduzidas por acórdão originário de julgamento de Ação Direta de Inconstitucionalidade (ADI) e Ação Declaratória de Constitucionalidade (ADC) são classificadas como de *revisão sistêmica*, quando, em sede cautelar ou de mérito, tiverem como objetivo imediato a alteração de Regra Matriz de Incidência Tributária (RMIT); ou de *produção normativa*, quando, na decisão de mérito, em razão da introdução de normas que disciplinem a retirada dos efeitos da RMIT declarada inconstitucional pelos órgãos competentes.

O STF, portanto, é um poder constituído, cujas decisões, é importante alertar, ainda que derivadas da interpretação do texto constitucional, devem estar subordinadas a este mesmo texto, isto é, respeitadoras dos limites impostos pelo próprio sistema jurídico. Compreender tal afirmativa não parece difícil. Isso porque, como intérprete último da Constituição Federal, o que se espera do STF é a proteção do juridicamente tutelado pela sociedade brasileira.

Relevante, neste ponto, a lição de Mauro Cappelletti[74] para quem, ainda que os juízes sejam chamados a interpretar e, por isso, inevitavelmente a esclarecer, integrar, plasmar e transformar, e não raro a criar *ex novo* o direito, não

---

73. LINS, Robson Maia. *Controle de constitucionalidade da norma tributária* – Decadência e prescrição. São Paulo: Quartier Latin, 2005. p. 58-60.

74. CAPPELLETI, Mauro. *Juízes legisladores?* Tradução Carlos Alberto Alvaro de Oliveira. Porto Alegre: Sergio Antonio Fabris, 1993. p.74.

quer significar, por outro lado, que sejam legisladores, mesmo que de um ponto de vista substancial, tanto o processo judiciário quanto o legislativo resultam, de determinado ponto de vista, em criação do direito. Para o autor italiano, o bom juiz pode ser criativo, no entanto, apenas o juiz ruim agiria com as formas e as modalidades do legislador, pois, se assim agisse, deixaria simplesmente de ser juiz.

A entrega de decisões (ou a introdução de normas no ordenamento) pelo Supremo, com origem em interpretações que tragam para o sistema elementos que dele não façam parte, atribuindo a disposições constitucionais interpretações resultantes de verdadeiros malabarismos que objetivem exclusivamente o alcance de um resultado pretendido, ou a defesa de um interesse, coloca em risco não apenas o sistema tributário nacional, por invasão de competência (legislativa) que não é sua, violando os limites impostos ao poder de tributar, ameaçando, principalmente, a efetivação dos direitos mais fundamentais do contribuinte.

2.2.3 Controle de constitucionalidade pelo Supremo e a crescente vinculação dos efeitos das decisões com origem em controle difuso

O sistema tributário brasileiro está exaustivamente previsto no texto constitucional, de maneira que o reconhecimento da Carta Magna como seu fundamento máximo de validade termina por implicar imprescindível necessidade de verificação dos modos de defesa de seu conteúdo, pelo controle de constitucionalidade de leis e atos normativos estadual ou federal.

No papel de guardião da Constituição, as decisões prolatadas pelo STF em controle concentrado de constitucionalidade terão efeitos vinculativos *erga omnes*. Todavia, no que se refere às decisões com origem em controle difuso, a instituição do sistema da repercussão geral e da possibilidade de edição de súmula vinculante, além de terem valorizado os mecanismos de formação de precedentes no Brasil, aproximaram, sobremodo, o controle indireto do concentrado, em função da força vinculante de seus julgamentos.

O controle concentrado de constitucionalidade está previsto no art. 102 da Carta da República, que atribui à Suprema Corte, em seu inciso I, alínea *a*, competência para processar e julgar, originalmente, a ação direta de inconstitucionalidade (ADI), a ação declaratória de constitucionalidade (ADC) e, no § 1º do mesmo dispositivo, arguição de descumprimento de preceito fundamental (ADPF), ações restritas ao plano abstrato, desvinculadas, portanto, de qualquer direito subjetivo.

Interessam-nos mais de perto, por razões metodológicas, a ação direta de inconstitucionalidade (ADI) e a ação declaratória de constitucionalidade (ADC).

Em resumo, a ADI, proposta por uma das pessoas autorizadas pelo art. 103 da Constituição, tem como causa de pedir o questionamento de uma norma considerada inconstitucional pela parte autora e por finalidade a declaração de inconstitucionalidade da lei ou ato normativo questionado, razão pela qual o art. 11 e os §§ 1º e 2º, da Lei 9.868/1999, que regulam a ação do âmbito infraconstitucional, estabelecem que a medida cautelar concedida em ADI consistirá na suspensão, com efeito *ex nunc*, da norma reputada inconstitucional. Assim, estará suspensa a vigência da norma inquinada de inconstitucionalidade, tornando aplicável a legislação anterior, se existente, salvo expressa manifestação em sentido contrário.[75]

De outro lado, a ação declaratória de constitucionalidade tem como ponto de partida a verificação de controvérsia judicial relevante sobre a compatibilidade de determinado dispositivo com a Constituição capaz de colocar em risco a

75. PANDOLFO, Rafael. *Jurisdição constitucional tributária:* reflexos nos processos administrativo e judicial. 2. ed. São Paulo: Noeses, 2020. p. 201.

segurança jurídica e a isonomia, sendo este o pressuposto para a sua propositura, sem o qual essa ação se converteria num inadmissível instrumento de consulta sobre a validade constitucional de determinada lei ou ato normativo federal. Sua admissibilidade depende, de acordo com a orientação do STF, da comprovação de dissídio jurisprudencial revelador do antagonismo interpretativo e teses conflitantes quanto à validade constitucional de determinada lei ou ato normativo federal.[76]

No âmbito do controle de constitucionalidade difuso, em que o debate se inicia em razão de um caso concreto, envolvendo interesses subjetivos, a Constituição, no art. 102, III, reserva à Suprema Corte o julgamento, mediante recurso extraordinário, das causas decididas em única ou última instância, quando a decisão recorrida: "a) contrariar dispositivo desta Constituição; b) declarar a inconstitucionalidade de tratado ou lei federal; c) julgar válida lei ou ato de governo local contestado em face desta Constituição; d) julgar válida lei local contestada em face de lei federal".

Com a aprovação da Emenda Constitucional n. 45, de 2004, resultante da convicção sobre a necessidade de um crivo de relevância exercido pelo STF na análise dos recursos extraordinários,[77] o § 3º foi acrescido ao art. 102, para determinar que na interposição do recurso extremo o recorrente deverá demonstrar a repercussão geral das questões constitucionais discutidas no caso, a fim de que o Tribunal examine a admissão do recurso.

Nesse contexto, Rafael Pandolfo[78] esclarece que repercussão geral deve ser entendida nas causas que envolvam

76. PANDOLFO, Rafael. *Jurisdição constitucional tributária:* reflexos nos processos administrativo e judicial cit., p. 203.

77. PANDOLFO, Rafael. *Jurisdição constitucional tributária:* reflexos nos processos administrativo e judicial cit., 165.

78. PANDOLFO, Rafael. *Jurisdição constitucional tributária:* reflexos nos processos administrativo e judicial cit., p. 165.

(i) aspectos econômicos de monta; (ii) temas já amplamente debatidos, mas ainda pendentes em diversas instâncias judiciais, com decisões contraditórias; (iii) assuntos intrinsecamente relacionados a causas pendentes de julgamento no STF. Passou-se a conferir efeito *erga omnes* a decisões com origem em controle difuso de constitucionalidade.

A mesma Emenda Constitucional n. 45, de 2004 trouxe para a Constituição Federal o art. 103-A, instituindo a figura da súmula vinculante, que poderá ser publicada pelo Supremo de ofício ou por provocação, mediante decisão de dois terços dos seus membros, após reiteradas decisões sobre matéria constitucional, com efeitos que vincularão, a partir de sua publicação na impressa oficial, dos demais órgãos do Poder Judiciário e à administração pública direta e indireta, nas esferas federal, estadual e municipal.

Assim, diante dos requisitos delineados pelo art. 103-A, o enunciado da súmula vinculante deve condensar determinado entendimento da Corte Suprema, verificado a partir de reiteradas decisões proferidas no exercício da jurisdição constitucional, com o objetivo de dissipar a controvérsia existente sobre o assunto, ensejadora de insegurança jurídica e da possibilidade de propagação de novos processos sobre o mesmo assunto, confinando o enunciado sumular ao horizonte de sentido delimitado, expressa e implicitamente, pelos casos pretéritos que foram julgados e pelas próprias decisões que já foram tomadas, no passado, pelo tribunal.[79]

As inovações introduzidas no texto constitucional, é interessante notar, abriram espaço para que as decisões proferidas em controle de constitucionalidade difuso deixassem de ter impacto apenas na relação das partes envolvidas no

---

79. COURA, Alexandre de Castro; PAULA, Rodrigo Francisco de. Interpretação e aplicação das súmulas vinculantes e a cláusula "se for o caso": para uma análise crítica da pretensão de "aplicação automática" das súmulas vinculantes. *Revista de Direitos e Garantias Fundamentais*, Vitória, n. 4, p. 218, jul./dez. 2008.

processo, dando lugar ao surgimento de enunciados gerias e abstratos, com reflexos percebidos em toda a sociedade.

Na ocasião do julgamento da Reclamação 4.335/AC,[80] em debate que versava sobre os efeitos da atuação do Senado Federal no exercício da competência estabelecida no inciso X do art. 52 da Constituição, o Ministro Relator Gilmar Mendes asseverava a ampla legitimação conferida ao controle abstrato, com a inevitável possibilidade de se submeter qualquer questão constitucional ao STF, o que terminou por operar "uma mudança substancial – ainda que não desejada – no modelo de controle de constitucionalidade até então vigente no Brasil".

Para o Ministro Teori Zavascki, no mesmo julgamento, a exigência constante do § 3º do art. 102 do texto constitucional, trazida pela Emenda Constitucional n. 45, de 2004, de que o recurso extraordinário apenas será admitido em casos que ultrapassem o interesse subjetivo da causa, evidencia o caráter objetivo de que se reveste a formação do precedente, o que deixou "inequivocamente acentuado o efeito expansivo das decisões dele decorrentes para os demais recursos, já interpostos ou que vierem a sê-lo".

O Código de Processo Civil, vigente a partir de 2015, reforçou o sistema de precedentes. Em seu art. 927 tipificou pronunciamentos vinculantes, determinando que juízes e tribunais devem observar, (i) as decisões do STF em controle concentrado de constitucionalidade; (ii) os enunciados de súmula vinculante; (iii) os acórdãos em incidente de assunção de competência ou de resolução de demandas repetitivas e em julgamento de recursos extraordinário e especial repetitivos; (iv) os enunciados das súmulas do STF em matéria constitucional e do STJ em matéria infraconstitucional; e (v) a orientação do plenário ou do órgão especial aos quais estiverem vinculados.

---

80. STF, Rcl. 4.335/AC. Rel. Min. Gilmar Mendes, j. 20.03.2014, *DJe* 22.10.2014.

A aproximação do sistema de controle de constitucionalidade concentrado e difuso provocados, em especial, pelas alterações constitucionais no ano de 2004 e no plano processual, no entanto, não devem impedir o exame de que a decisão em sede de controle concentrado, as súmulas vinculantes e o julgamento proferido em sede de recurso extraordinário com repercussão geral, não obstante terem em comum o fato de estarem arrolados pelo art. 927 do diploma processual civil, serem emanados pelo STF, possuírem eficácia vinculante e efeito *erga omnes*[81] e gerarem funcionalidades semelhantes em algumas situações processuais, são tipos de pronunciamentos diferentes, com natureza jurídica, fundamento e estrutura diversos.[82]

Não se pode esquecer que no julgamento de uma ação de controle concentrado não há direito subjetivo discutido, ao contrário do controle difuso, no qual a análise da constitucionalidade da lei ou do ato normativo se dá à luz de um caso concreto, razão pela qual a decisão proferida em controle concentrado não pressupõe nem se volta necessariamente a reproduzir ou resumir a jurisprudência dominante da Corte Suprema sobre a matéria discutida,

---

81. Sobre o efeito vinculante originário das súmulas e das decisões prolatadas em recurso extraordinário com repercussão geral reconhecida e o efeito *erga omnes* produzido pelas decisões em controle de constitucionalidade concentrado, Robson Maia Lins esclarece que a distinção entre as vinculações está no alcance subjetivo da decisão. Assim, a vinculação do efeito *erga omnes* é quanto à sujeição passiva dos administrados sujeitos à incidência da RMIT. Tem-se uma decisão com força de lei. Já o que se tem em relação às decisões produzidas em controle difuso é dever jurídico vinculante, que significa o dever que têm os Poderes Judiciário e Executivo de não aplicar a RMIT declara da inconstitucional pelo STF ou de aplicá-la, quando declarada constitucional. E nesse sentido o dever jurídico vinculante contrapõe-se, dentro da estrutura relacional, ao efeito erga omnes (direito subjetivo) que têm todos os administrados de não sofrer a incidência da RMIT declarada inconstitucional ou de vê-la positivada quando declarada constitucional (LINS, Robson Maia. *Controle de constitucionalidade da norma tributária* – Decadência e prescrição cit., p. 156-157).

82. MONNERAT, Fábio Victor da Fonte. *Súmulas e precedentes qualificados:* técnicas de formação e aplicação. São Paulo: Saraiva Educação, 2019. p. 138.

o que diferencia esses pronunciamentos das súmulas vinculantes.[83]

A distinção entre os pronunciamentos e suas estruturas importam sobremaneira para a interpretação e aplicação das normas que deles se originam. Isso porque, enquanto o precedente emana de um caso concreto e, por isso, seu dispositivo está voltado a ditar a solução da situação litigiosa posta em juízo, a decisão em sede de controle concentrado conterá no dispositivo a solução para a questão constitucional controvertida, contendo norma geral e abstrata que impacta a ordem jurídica.[84]

Surge, portanto, com a expansão da valorização dos precedentes e a vinculação das decisões prolatadas em controle difuso de constitucionalidade, a preocupação com a aplicação, pelas instâncias inferiores, de teses e enunciados sumulares como "carimbos", sem a indispensável e cuidadosa análise do caso concerto. Por isso, é fundamental compreender que a vinculação de juízes e dos tribunais regionais e estaduais não será da parte dispositiva contida nessas decisões tidas como precedentes, mas do raciocínio nele contido (*ratio decidendi*), já que tais julgamentos, prolatados em recurso extraordinário, desde sua origem, são concebidos com o propósito de solucionar demandas repetitivas e garantir a coerência e integridade do ordenamento jurídico.[85]

Eis o fundamental papel dos juízes singulares e instâncias inferiores na manutenção do equilíbrio do ordenamento jurídico nacional, a quem caberá a solução definitiva dos casos individuais.

---

83. MONNERAT, Fábio Victor da Fonte. *Súmulas e precedentes qualificados:* técnicas de formação e aplicação cit., 138.

84. MONNERAT, Fábio Victor da Fonte. *Súmulas e precedentes qualificados:* técnicas de formação e aplicação cit., p. 138-139.

85. PANDOLFO, Rafael. *Jurisdição constitucional tributária:* reflexos nos processos administrativo e judicial cit., p. 178.

Em matéria tributária especialmente, o cenário do "inequívoco e acentuado efeito expansivo" das decisões do Supremo coloca juízes, tribunais e jurisdicionados em compasso de espera pela confirmação do posicionamento do STF, sempre que um recurso tem reconhecida a repercussão geral, especialmente quando acolhida a regra do § 5º do art. 1.035 do CPC, autorizadora da suspensão do processamento de todos os processos pendentes, individuais ou coletivos, que versem sobre a questão e tramitem no território nacional.[86]

Ficamos entre o direito legislado e a espera de que o Supremo defina, no plano das significações normativas sistematicamente organizadas, o vínculo de coordenação e subordinação da norma jurídica. Aguarda-se que a Suprema Corte confirme pragmaticamente a constitucionalidade da norma e, confirmada (ou não), qual o quórum, quais as razões para que, só então, o jurisdicionado tenha as respostas para o seu caso concreto.

86. Apesar de o referido § 5º do art. 1.035 do CPC dispor que "reconhecida a suspensão geral, o relator no Supremo Tribunal Federal determinará a suspensão do processamento de todos os processos", o STF, nos autos do RE 966.177/RS, definiu que "a suspensão de processamento prevista no § 5º do art. 1.035 do CPC não consiste em consequência automática e necessária do reconhecimento da repercussão geral realizada com fulcro no *caput* do mesmo dispositivo, sendo da discricionariedade do relator do recurso extraordinário paradigma determiná-la ou modulá-la".

3

ORDENAMENTO, HIERARQUIA E SISTEMA TRIBUTÁRIO NACIONAL

3.1 O que é sistema?

Um sistema pode ser entendido como um conjunto de elementos a respeito dos quais se possa estabelecer uma relação, segundo um referencial comum. Sendo assim, um conjunto de elementos será qualificado como sistema quando estiverem estruturados e relacionados entre si aglutinados diante de um princípio unificador.[87] Nesse contexto, *onde há sistema há relações e elementos, que se articulam segundo leis.*[88]

Às estruturas, Tercio Sampaio Ferraz Jr.[89] nomeia o complexo de relações que se estabelecem dentro de um

---

87. LINS, Robson Maia. *Curso de direito tributário*. São Paulo: Noeses, 2019. p. 32.

88. VILANOVA, Lourival. *As estruturas lógicas e o sistema do direito positivo*. 4. ed. São Paulo: Noeses, 2010. p. 54.

89. FERRAZ JR, Tercio Sampaio. *Introdução ao estudo do direito*. 4. ed. São Paulo: Atlas, 2003, p. 165.

sistema e, ao conjunto de elementos que o formam chama de repertório.

Para este trabalho, ademais, e conforme as premissas que adotamos, não haverá sistema onde não houver linguagem. Sendo assim, apesar de conhecermos, a exemplo da proposta de Marcelo Neves,[90] a categorização de sistemas reais e proposicionais, encontramos sentido apenas nos últimos. Isso porque, sendo sistemas *reais* aqueles ocupados por elementos do mundo físico e social, pertencentes, desse modo, ao campo da experiência e os *proposicionais* caracterizados por enunciados linguísticos, se consideramos não ser possível que algo exista fora da linguagem, os sistemas não estão no mundo existencial esperando para serem descobertos, já que são construídos pelo homem por meio de associações linguísticas.[91]

Nesse sentido, entendemos que os sistemas são comunicacionais, por serem compostos por enunciados linguísticos (elementos) emitidos e recebidos por seres humanos, possibilitando a criação das relações intersubjetivas que forma a estrutura dos respectivos sistemas.[92]

Os sistemas proposicionais, por seu turno, constituídos pela linguagem, podem ser subdivididos em nomológicos e nomoempíricos, em que os nomológicos são sistemas estritamente formais, como na matemática, e os nomoempíricos se submetem a ainda mais uma divisão: nomoempíricos descritivos (com função gnosiológica, prestando-se a descrever relações existenciais ou até de outras linguagens)

---

90. NEVES, Marcelo. *Teoria da inconstitucionalidade das leis*. São Paulo: Saraiva, 1992. p. 4.

91. CARVALHO, Aurora Tomazini de. *Curso de teoria geral do direito:* o constructivismo lógico-semântico cit., p. 140.

92. DIAS, Ana Carolina Papacosta Conte de Carvalho. *Interpretação e aplicação do direito tributário:* fundamentos jurídicos da decisão. Tese (Doutorado em Direito Tributário) – Pontifícia Universidade Católica de São Paulo, 2010. p. 52.

e nomoempíricos prescritivos (dedicados a prescrever comportamentos).[93]

Não deve causar espécie a constatação de que o vocábulo "sistema" é empregado em mais de um sentido. Norberto Bobbio já alertava para a circunstância de que *sistema é um daqueles termos de muitos significados, que cada um usa conforme suas próprias conveniências*.[94]

É igualmente ambígua a expressão "sistema jurídico" que, a depender do contexto, pode indicar tanto o domínio da Ciência do Direito quanto o campo do direito positivo. O tratamento dado ao tema pelos estudiosos do direito, no entanto, reforça essa instabilidade semântica, já que uma parte desse grupo nega a possibilidade de que o direito positivo se apresente como sistema, reservando o emprego da locução apenas à Ciência do Direito que ao descrever o material extraído da experiência do direito positivo alcançaria a qualidade de sistema.

Adiantamo-nos que, filiados às lições de Paulo de Barros Carvalho, a condição de sistema também é assegurada ao direito positivo, tendo em vista que, enquanto conjunto de enunciados prescritivos que se projetam sobre a região das condutas inter-humanas, o direito posto há de ter um mínimo de racionalidade para ser recepcionado pelos sujeitos destinatários.[95]

3.1.1 Ordenamento como sinônimo de sistema jurídico

Para a Teoria Comunicacional do Direito – capitaneada por Gregorio Robles[96] – ordenamento é um texto jurídico

93. CARVALHO, Cristiano. *Teoria do sistema jurídico:* direito, economia, tributação. São Paulo: Quartier Latin, 2005. p. 38-39.

94. BOBBIO, Norberto. *Teoria do ordenamento jurídico* cit., p. 76.

95. CARVALHO, Paulo de Barros. *Direito tributário:* fundamentos jurídicos da incidência cit., p. 69.

96. ROBLES, Gregorio. *O direito como texto:* quatro estudos de teoria comunicacional do direito cit., p. 6-7.

exatamente como produzido pelas autoridades, tomadoras de decisões jurídicas, isto é, competentes para a introdução de novos enunciados prescritivos, a partir do constituinte e passando pelos constituídos. É *texto jurídico bruto* ou simplesmente *material jurídico*, isto é, o texto tal qual como publicado no *Diário Oficial*. O processo de interpretação, portanto, submeteria o texto a um *refino e reelaboração*, que implicaria a produção de um novo texto. Esse novo texto, o *texto jurídico elaborado*, resultado do trabalho da *dogmática jurídica*, alcançaria a forma de sistema. Desse modo, para Robles, o sistema, em seu conjunto, expressa-se num texto elaborado paralelo e muito mais completo e exato que o texto jurídico bruto.

Paulo de Barros Carvalho[97] pontua, em contraposição, que o material bruto dos comandos legislados, mesmo antes de receber o tratamento hermenêutico do cientista dogmático, já se afirma como expressão linguística de um ato de fala inserido no contexto comunicacional e afirma que *sistema é o discurso da Ciência do Direito, mas também é o domínio finito, mas indeterminável, do direito positivo*.

Barros Carvalho[98] assevera, ademais, que, na condição de sistema o direito posto não deve ser encarado como sistema lógico, dotado de consistência, isento de contradições, como o que ocorre com o modelo de sistema das Ciências, mas como um conjunto de proposições linguísticas que se dirigem a região material das condutas interpessoais. E conclui:

> O discurso de que falo, conquanto abrigue proposições contraditórias e lacunas, mesmo assim vem carregado de uma porção de racionalidade que julgo suficiente para outorgar-lhe foros de sistema, não lógico, mas empírico, precisamente pelo comprometimento que mantém com o tecido social, por ele ordenado de maneira prescritiva.

97. CARVALHO, Paulo de Barros. *Direito tributário:* linguagem e método cit., p. 226.

98. CARVALHO, Paulo de Barros. *Direito tributário:* linguagem e método cit., p. 480.

Aurora Tomazini de Carvalho[99] leciona no sentido de que os sistemas existem independentemente de seus elementos se contradizerem ou não. Para a autora, toda a forma estrutural pressupõe um mínimo de harmonia que torna possível a relação entre seus termos, mas considera que tal harmonia não precisa ser absoluta. Esclarece, por fim, existirem, de outro lado, sistemas que não admitem contradições porque trabalham com referências de verdade e falsidade.

Ainda a respeito da contradição, Tárek Moussallem[100] faz a ressalva de que só fará sentido falar em conflito ou incoerência se for no interior de um mesmo sistema, uma vez que conflitos intersistêmicos seriam extralógicos. Moussallem lembra, ademais, a lição de Marcelo Neves para afirmar que *a coerência ou compatibilidade entre os elementos do sistema não é tomada como nota essencial para o conceito de sistema.*

Parece-nos, entretanto, que a admissão da coerência como componente indispensável para o conceito em exame não impede que o direito positivo possa ser reconhecido como sistema, já que são seus próprios elementos que lhe garantem o preenchimento deste requisito.

Há muito, inspirado nas lições de Hans Kelsen, Marçal Justen Filho[101] já chamava a atenção para o fato de que:

> A peculiaridade (que torna o ordenamento jurídico um sistema único e inconfundível) é que a estrutura dele é fornecida e organizada através, também, de normas jurídicas – que, pelo simples fato de o serem, também estão compreendidas no repertório do sistema. Ou seja, é o próprio repertório que determina a estrutura do sistema jurídico. Enquanto em outros sistemas pode-se distinguir, com nitidez, repertório e estrutura, no Direito isso é muito difícil. O repertório do sistema jurídico é integrado por

99. CARVALHO, Aurora Tomazini de. *Curso de teoria geral do direito:* o constructivismo lógico-semântico cit., p. 140 e 141.

100. MOUSSALLEM, Tárek Moysés. *Fontes no direito tributário* cit., p.45.

101. JUSTEN FILHO, Marçal. *O Imposto Sobre Serviços na Constituição*. São Paulo: Revista dos Tribunais, 1985. p. 23.

> dois tipos diversos e inconfundíveis de elementos: as normas que regulam a conduta (elementos exclusivamente do repertório) e as normas que regulam a estrutura do próprio sistema. Vê-se então que a estrutura do sistema é regulada por normas que também integram o repertório do mesmo sistema, caracterizando-se o fenômeno da auto-referibilidade.

Assim, lançando mão do que ensina Tercio Sampaio Ferraz Junior,[102] cientes da complexidade da noção de ordenamento e de que, em princípio, ordenamento é um conjunto de normas em relação ao qual a pertinência de uma norma a ele é importante para identificá-la como válida, além de ser um conjunto de elementos normativos (repertório) e de regras que determinam as relações entre os elementos (estrutura), partindo-se da premissa de que sistema é um complexo que se compõe de uma estrutura e de um repertório, teremos, nesse sentido, que ordenamento é sistema.

3.1.2 A norma fundamental de Kelsen: o vetor comum do processo de criação normativo

Por compor um sistema, uma norma deve buscar fundamento de validade em outra norma contida neste mesmo sistema. Assim, uma norma que representa o fundamento de validade de outra é figurativamente designada como norma superior, por confronto com uma norma que é, em relação a ela, a norma inferior.[103]

Lourival Vilanova,[104] explica que constituído o sistema por proposições normativas, uma proposição normativa terá sua origem em outra proposição normativa e uma proposição normativa apenas pertencerá ao sistema se for possível reconduzi-la à proposição fundamental do sistema.

---

102. FERRAZ JR, Tercio Sampaio. *Introdução ao estudo do direito*. 4. ed. São Paulo: Atlas, 2003, p. 175-176.

103. KELSEN, Hans. *Teoria pura do direito* cit., p. 135.

104. VILANOVA, Lourival. *As estruturas lógicas e o sistema do direito positivo* cit., p. 126.

O direito exige, como vimos, linguagem e autoridade competentes para a prolação de normas, de modo que somente pessoas habilitadas pelo próprio direito poderão editá-las; regra de competência que encontra fundamento de validade em regras também estabelecidas pelo sistema. Nesse processo de criação de normas, o sistema dirá quem são os sujeitos autorizados para tanto e oferecerá os necessários fundamentos de validade.

Verificado o aspecto sintático da validade das normas, em que para ser válida, uma busca fundamento de validade em outra de superior hierarquia, ter-se-á a formação de séries normativas de subordinação, isto é, de hierarquias normativas, em que o cometimento de uma norma é defendido pelo relato daquela que lhe oferece fundamento, e assim por diante. Série que termina em uma primeira norma e que não é infinita. Não é infinita porque o laço de subordinação não é causal, mas de imputação.[105]

Eis a norma fundamental de Hans Kelsen[106] para quem:

> Todas as normas cuja validade pode ser reconduzida a uma e mesma norma fundamental formam um sistema de normas, uma ordem normativa. A norma fundamental é a fonte comum da validade de todas as normas pertencentes a uma e mesma ordem normativa, o seu fundamento de validade comum. O fato de uma norma pertencer a uma determinada ordem normativa baseia-se em que o seu último fundamento de validade é a norma fundamental desta ordem. É a norma fundamental que constitui a unidade de uma pluralidade de normas enquanto representa o fundamento da validade de todas as normas pertencentes a essa ordem normativa.

A norma fundamental, assim, é ponto de partida do processo de criação do direito positivo, fixando o fundamento de acordo com o qual devem ser criadas as regras que ingressarão no ordenamento e, por ser assim, o vetor

105. FERRAZ JR., Tercio Sampaio. *Introdução ao estudo do direito*. 4. ed. cit., p. 151.

106. KELSEN, Hans. *Teoria pura do direito* cit., p. 136.

comum a todas as normas, ela não vale por força de seu conteúdo, nem pode ser deduzida de outra norma por meio de uma operação lógica. A norma fundamental não prescreve conteúdo de direito positivo. É norma pressuposta.

Nesse sentido, a norma fundamental de uma ordem jurídica não é uma norma material, mas, sim, pressuposta quando o costume, através do qual a Constituição surgiu, ou quando o ato constituinte (produtor da Constituição) posto conscientemente por determinados indivíduos são objetivamente interpretados como fatos produtores de normas. É, portanto, a instauração do fato fundamental da criação jurídica.[107]

A norma hipotética fundamental é, assim, uma proposição axiomática, legitimadora da Constituição, que não se prova e nem se explica, razão pela qual, conforme ensina Paulo de Barros Carvalho, não cabem cogitações de fatos que a antecedam. "Com ela se inicia o processo derivativo e nela se esgota o procedimento de fundamentação", completa o autor.

Examinando as funções da norma fundamental, Robert Alexy[108] destaca ser a primeira delas a *transformação de categorias*, isto é, a possibilidade de transição de um ser para um dever ser, considerando que o passo para a entrada no reino do direito se realiza com a interpretação de determinados fatos como fatos criadores de direito. Assim, quando a norma fundamental determina quais fatos devem ser vistos como criadores de direito, ela aparece com função de *estabelecimento de critérios*, evitando que toda a manifestação de vontade superveniente crie direito. Desse modo, sendo a norma fundamental fonte comum de validade de todas as normas que compõem o mesmo ordenamento, sua terceira função é a de *instituir unidade*.

---

107. KELSEN, Hans. *Teoria pura do direito* cit., p. 139.

108. ALEXY, Robert. *Conceito e validade do direito*. Organização Ernesto Garzón Valdés. Tradução Gercélia Batista de Oliveira Mendes. São Paulo: WMF Martins Fontes, 2009. p. 126-127.

Nesse contexto, Lourival Vilanova[109] ensina que o que outorga homogeneidade a todas as regras do direito positivo é a normatividade, tomando como ponto de partida a norma fundamental kelseniana. Para o autor, essa homogeneidade estrutural apoia-se no modo constante de relacionar os dados ou elementos (fatos e condutas) da experiência. Assim, se o relacionamento segue o esquema da causa/efeito, temos natureza; se o nexo é de dever-ser (dado A, deve-ser B), temos a imputação. Logo, de acordo com Vilanova, não apenas a unidade do sistema, mas a unicidade do ponto de partida caracterizam o sistema do direito positivo, de maneira que qualquer forma normativa de relacionar os elementos (fatos e condutas) será somente mera possibilidade lógica se a forma normativa não pertencer a um sistema.

A juridicização daquilo que é colhido apenas empiricamente depende, nesse contexto, da sua transposição para o jurídico, transformando-se em *dever-ser*, sob pena de não constituir validamente um elemento do sistema.

3.2 Sistema jurídico como conjunto de normas – o contexto das normas

Como todo sistema normativo, o ordenamento jurídico é um conjunto de normas. Não seria sequer factível imaginar um ordenamento formado por uma só norma, já que, para tanto, essa norma única teria que se referir a todas as ações possíveis, tendo que qualificá-las com uma só modalidade, de forma que ou tudo seria permitido (o que ensejaria a negação de qualquer ordenamento jurídico), ou tudo seria proibido (e a vida social humana se tornaria impossível), ou, por fim, tudo seria obrigatório (hipótese em que

109. VILANOVA, Lourival. *As estruturas lógicas e o sistema do direito positivo* cit., p.127.

algumas ações seriam conflitantes, tornando, igualmente inviável a vida social).[110]

Estaremos diante da noção fundamental de sistema quando verificarmos a presença de um conjunto de elementos relacionados entre si e aglutinados perante determinada referência, tal como ocorre com o ordenamento jurídico que, por sua vez, é um conjunto de normas válidas, composto por partes orientadas por um vetor comum.[111]

A consciência de que as normas são parte de um conjunto, ademais, é de grande importância para que seja possível investigar o vínculo que se estabelece de validade e pertencimento entre a proposição normativa e o sistema. Nesse sentido, para que possamos afirmar se uma norma jurídica é ou não válida, será necessário integrá-la ao conjunto que, por sua vez, deve exibir balizas razoavelmente precisas, já que a ideia de sistema permite traçar esses contornos e detectar limites como uma linha diferencial abstrata que nos proporciona a identificação do que está dentro, o que entra, o que sai e o que permanece fora.[112]

A validade de uma norma, portanto, é dependente do ordenamento em que ela está inserida, de maneira que identificar apenas o conteúdo normado não basta para proporcionar condições de decidibilidade. As normas dependem da relação com as demais normas do contexto para que sejam válidas.[113]

Proposição prescritiva decorrente do todo que é o ordenamento jurídico, a norma jurídica, dessarte, jamais se encontra isolada, monadicamente só: está sempre ligada a

---

110. BOBBIO, Norberto. *Teoria do ordenamento jurídico* cit., p.31-32.

111. CARVALHO, Paulo de Barros. *Direito tributário:* linguagem e método cit., p.463.

112. FERRAZ JR., Tercio Sampaio. *Introdução ao estudo do direito*. 11. ed. São Paulo: Atlas, 2019. p. 140-141.

113. Ibidem, p. 138-139.

outras normas, integrando determinado sistema de direito positivo, leciona Paulo de Barros Carvalho[114] que conclui:

> Depende a norma, pois, desse complexo produto de relações entre as unidades do conjunto. É produzida por um ato (do Legislativo, do Executivo, do Judiciário ou mesmo do particular), sua fonte material. Mas, ao ingressar o enunciado linguístico no sistema do direito posto, seu sentido experimenta inevitável acomodação às diretrizes do ordenamento. A norma é sempre o produto dessa transfiguração significativa.

O sistema de normas que chamamos de ordem jurídica, de acordo com Hans Kelsen,[115] é um sistema do tipo dinâmico, já que a criação dessas normas se dá através de atos de vontade pelos indivíduos que foram autorizados a criá-las por alguma norma superior, de modo que, uma norma será jurídica válida quando for originada por uma regra definida. A norma fundamental de um sistema dinâmico é a regra básica de acordo com a qual devem ser criadas as normas do sistema, de modo que, em última análise, fará parte do sistema dinâmico a norma que houver sido criada em observância à norma fundamental.[116]

Por não existirem isoladamente o processo nomogenético deve ser pensado de acordo com os comandos do sistema de direito positivo de que farão parte, respeitados não apenas os procedimentos por ele previstos, mas, igualmente, em conformidade com as regras que parametrizam sua racionalidade, possibilitando sua convergência com a norma fundamental.

114. CARVALHO, Paulo de Barros. Para uma teoria da norma jurídica: da teoria da norma à regra-matriz de incidência tributária cit.

115. KELSEN, Hans. *Teoria geral do direito e do estado*. 3. ed. São Paulo: Martins Fontes, 1998. p. 165-166.

116. KELSEN, Hans. *Teoria geral do direito e do estado* cit., p. 165.

3.3 Validade e hierarquia das normas: a busca por um fundamento admitido pelo sistema

Vimos que a ordem jurídica é composta por um sistema de normas e que as normas não são enunciados sobre a realidade, de modo que não são verdadeiras ou falsas como os enunciados que têm origem em relatos do mundo da experiência. Normas são válidas ou não válidas e o fundamento para a sua validade não é a sua conformidade com a realidade, ou com um fato, mas sempre uma outra norma da qual a primeira é derivável.[117]

A busca pelo fundamento de validade da norma será, assim, limitada por uma norma mais alta que é o fundamento último de validade de uma norma dentro de um sistema normativo, ao contrário do que ocorre dentro de um sistema de realidade natural, em que a causa última ou a primeira não tem lugar.[118]

Verificando que o significado de *validade* muda em correspondência às diversas concepções do direito, Ricardo Guastini[119] observa que na teoria normativista o conceito de validade é inteiramente formal, significando pertinência, isto é, válida é a norma que pode ser identificada como norma pertencente a determinado sistema, empregando os critérios de identificação próprios desse sistema. E, deste ponto de vista, válida é a norma que dentro de um sistema "(a) foi introduzida por um ato normativo conforme as metanormas de competência e procedimento, e (b) não é incompatível com as normas superiores (supernormas) na hierarquia das fontes".

---

117. KELSEN, Hans. *Teoria geral do direito e do estado* cit., p. 161-162.

118. KELSEN, Hans. *Teoria geral do direito e do estado* cit., p. 163.

119. GUASTINI, Riccardo. *Das fontes às normas*. Tradução Edson Bini. Apresentação Heleno Taveira Tôrres. São Paulo: Quartier Latin, 2005. p. 356-357.

Por isso a validade não é um predicado da norma, mas a condição de relação estabelecida entre a proposição normativa em sua inteireza lógico-sintática e o sistema do direito positivo, de maneira que, ao identificarmos uma norma válida, reconheceremos também o seu pertencimento ao sistema.[120]

Para explicar o que significa pertencer ao sistema e qual o critério necessário que se possa saber se um enunciado linguístico com estrutura hipotética e articulado deonticamente pode ser tido como pertinente a determinado sistema, assumindo as proporções de norma jurídica, Paulo de Barros Carvalho[121] ensina, adotando o modelo kelseniano, que além de ter de ser produzida por órgão credenciado pelo sistema e de acordo com os procedimentos por ele previstos, há de se observar o critério da dedutibilidade, informador de que uma norma pertence ao sistema quando for consequência lógica de normas que dele forem pertencentes. A relação de pertinencialidade se confirmará, para fins de controle, "mediante confronto com a norma superior, dentro da hierarquia do sistema empírico, culminando na norma hipotética fundamental, axioma que fecha o corte metodológico em termos cognoscitivos".[122]

Daí o asserto de Robson Maia Lins[123] no sentido de que a "norma jurídica e validade são conceitos tão afins que não seria laborar em equívoco afirmar que a juridicidade da norma lhe é atribuída pela validade".

---

120. CARVALHO, Paulo de Barros. *Direito tributário:* fundamentos jurídicos da incidência cit., p. 99-100.

121. CARVALHO, Paulo de Barros. *Direito tributário:* fundamentos jurídicos da incidência cit., p. 100.

122. CARVALHO, Paulo de Barros. *Direito tributário:* fundamentos jurídicos da incidência cit., p. 100.

123. LINS, Robson Maia. *Controle de constitucionalidade da norma tributária* – Decadência e prescrição cit., p. 72.

O desajuste entre a norma jurídica criada e seu fundamento de validade dão ensejo, portanto, a um ilícito nomogenético. Em matéria tributária, é possível afirmar que todo conflito de interesse leva em consideração a ocorrência ou não da ilicitude no surgimento de novas normas.[124] Tácio Lacerda Gama[125] chama atenção, ainda, para o fato de que a prescrição da conduta de criar uma norma é feita entre forma e matéria, esclarecendo ser a norma de competência a prescritora do tipo de enunciação adequada para tratar de cada tipo de matéria, de modo que, se forma e matéria estão relacionadas, o vício da forma comprometerá a matéria e vice-versa.

A validade reveladora da relação triádica existente entre a norma introduzida, norma introdutora e as normas que lhes atribuem fundamento de validade, no transcurso do processo de positivação, em um avanço vertical pelo ordenamento,[126] no entanto, não é absoluta, mas uma qualidade relacional, já que no processo de geração de normas, ocorrendo defeituosidade no percurso procedimental, não se tem o nascimento de uma norma nula, na espécie do inexistente, mas de uma norma anulável, o que requer outro procedimento, normativamente estruturado, para desconstituir a norma impugnável.[127]

Atribuída pelo nível sintático do relacionamento da norma com o sistema, ainda que, posteriormente, seja dele expulsa por suas ferramentas processuais sob o fundamento de incompetência do órgão produtor ou de não ter

---

124. GAMA, Tácio Lacerda. *Competência tributária:* fundamentos para uma teoria da nulidade cit., p. 345.

125. GAMA, Tácio Lacerda. *Competência tributária:* fundamentos para uma teoria da nulidade cit., p. 346.

126. MCNAUGHTON, Charles William. *Hierarquia e sistema tributário*. São Paulo: Quartier Latin, 2011. p. 87-88.

127. VILANOVA, Lourival. *Causalidade e relação no direito*. 4. ed. São Paulo: Revista dos Tribunais, 2000. p. 307.

seguido o procedimento previsto na Constituição Federal, a presunção de validade das normas jurídicas assegura a funcionalidade do ordenamento.[128] Dessarte, por se tratar de presunção, a validade dinâmica das normas deve ser vista como uma expectativa normativa passível de frustração.[129]

Diz-se validade dinâmica, tendo em consideração que o sistema do direito positivo pode ser examinado pelos ângulos estático e dinâmico. Pelo primeiro, o sistema é analisado em seu estado de repouso, como uma fotografia, o que torna possível a identificação das normas que prescrevem o procedimento e a autoridade competente para a realização da atividade de produção normativa. Já, do segundo ponto de vista, a presunção de validade das normas jurídicas deve ser observada, de modo que a norma só deixará de ser válida quando, por meio das normas de revisão sistêmica ela for suprimida.[130]

O exame do sistema normativo por seu caráter dinâmico e o olhar para a função da norma fundamental revelarão, consequentemente, que o direito é regulador de sua própria criação, uma vez que uma norma prescreverá o modo como outra norma é criada e, em certa medida, o conteúdo dessa norma. De acordo com Hans Kelsen,[131] o vínculo entre a norma que regula a criação de outra norma e essa outra norma podem ser apresentados como uma *relação de supra e infra ordenação*, ou seja, a norma que determina a criação de outra norma é a norma superior, e a norma criada conforme essa regulamentação é a inferior e a unidade de todas essas normas é constituída pelo fato de

---

128. LINS, Robson Maia. *Controle de constitucionalidade da norma tributária* – Decadência e prescrição cit., p. 79-80.

129. LINS, Robson Maia. *Controle de constitucionalidade da norma tributária* – Decadência e prescrição cit., p. 80.

130. MOUSSALLEM, Tárek Moysés. *Fontes no direito tributário* cit., p. 176.

131. KELSEN, Hans. *Teoria geral do direito e do estado* cit., p. 181.

que a criação de uma norma – a inferior – é determinada por outra – a superior –, cuja criação é determinada por outra norma ainda mais superior, e de que esse *regressus* é finalizado por uma norma fundamental.

Por essa razão, "a ordem jurídica cuja personificação é o Estado, é, portanto, não um sistema de normas coordenadas entre si, que se acham, por assim dizer, lado a lado, no mesmo nível, mas uma hierarquia de diferentes níveis de normas".[132]

"Sem hierarquia não há sistema de direito positivo", adverte Paulo de Barros Carvalho,[133] "pois ninguém poderia apontar o fundamento de validade das unidades componentes, não se sabendo qual deva prevalecer".

Carvalho[134] orienta, ainda, ser necessário não confundir o axioma da hierarquia com os critérios que o legislador adota para implantá-la, já que a hierarquia deve existir sempre, de qualquer forma, onde houver direito positivo.

A esse respeito Roque Antônio Carrazza leciona que, em termos estritamente jurídicos, só podemos falar em hierarquia de normas quando umas extraem de outras a *validade* e *legitimidade* e esclarece que as leis nacionais (do Estado brasileiro), as leis federais (da União) e as leis estaduais (dos Estados-membros) ocupam o mesmo nível, de forma que umas não preferirão às outras e todas encontrarão *fundamento de validade* na própria Carta Magna, apresentando campos de atuação exclusivos e muito bem discriminados.[135] Assim, quando a Constituição Federal prescreve em seu art. 5º, II, que "ninguém será obrigado

---

132. KELSEN, Hans. *Teoria geral do direito e do estado* cit., p. 181.

133. CARVALHO, Paulo de Barros. *Direito tributário:* linguagem e método cit., p. 232.

134. CARVALHO, Paulo de Barros. *Direito tributário:* linguagem e método cit., p. 232.

135. CARRAZZA, Roque Antonio. *Curso de direito constitucional tributário*. 22. ed. São Paulo: Malheiros, 2006. p. 139.

a fazer ou deixar de fazer alguma coisa senão em virtude de lei", entenda-se "lei", entendida a "lei" em sentido amplo, verificaremos o quadro dos instrumentos primários de introdução de normas no direito brasileiro, válido para as quatro ordens jurídicas que constituem o sistema total (sistema nacional, sistema federal, sistemas estaduais e sistemas municipais).[136]

Observada a ordem constitucional brasileira, todas as outras normas reguladoras de condutas humanas intersubjetivas, recebem o nome de instrumentos secundários, por não possuírem, sozinhos, "a força vinculante capaz de alterar as estruturas do mundo jurídico-positivo. Realizam, simplesmente, os comandos que a lei autoriza e na precisa dimensão que lhes foi estipulada".[137]

Tratando da força normativa das constituições, Konrad Hesse[138] considera que as mudanças ocorridas nas relações fáticas podem provocar alterações no texto constitucional, mas, ao mesmo tempo, o sentido da proposição jurídica deve servir de limite para a atividade interpretativa e, consequentemente, ser um limitador de qualquer mutação normativa. Hesse acrescenta que a finalidade de uma proposição constitucional e sua clara vontade normativa não devem ser sacrificadas em função da alteração de uma situação e, assim, se o sentido na proposição normativa não tiver mais aplicação a revisão da Constituição será inevitável, caso contrário, estaríamos diante da tensão entre norma e realidade com a supressão do próprio direito, rompendo-se a situação jurídica vigente.[139]

---

136. CARRAZZA, Roque Antonio. *Curso de direito constitucional tributário* cit., p. 232.

137. CARRAZZA, Roque Antonio. *Curso de direito constitucional tributário* cit., p. 233.

138. HESSE, Konrad. *A força normativa da Constituição*. Porto Alegre: Sergio Antonio Fabris, 1991. p. 23.

139. HESSE, Konrad. *A força normativa da Constituição* cit., p. 23.

No contexto da edição de normas jurídicas pelo Poder Judiciário, portanto, a busca pelo fundamento de validade deve se dar nos limites do sistema, em suas relações internas de coordenação e subordinação a que se refere o axioma da hierarquia normativa. De outro modo, estaremos diante do improdutivo processo gerativo de normas presumidamente válidas, mas dignas de terem reconhecida sua ilicitude nomogenética e, observados os rigores impostos pelo sistema, ter certificada sua nulidade.

3.4 Sistema Constitucional Tributário e a tutela de direitos fundamentais

Tomado o sistema jurídico-positivo como um conjunto de normas voltadas a regular condutas intersubjetivas, associadas conforme critérios de organização prescritiva, podemos extrair o subsistema das normas constitucionais e, dele, outro subsistema, o constitucional tributário, formado por normas constitucionais que, ainda que de modo abrangente, abordam, direta ou indiretamente, matéria tributária.[140]

A Constituição Federal brasileira é, nesse contexto, exaustivamente composta por minuciosas previsões de princípios e regras relativas ao direito tributário, característica que dá ensejo a três conclusões elementares: (i) o direito tributário nacional encontra sua raiz na Carta da República, que se projetam sobre as ordens jurídicas parciais da União, dos Estados e dos Municípios; (ii) como texto fundante da ordem jurídica tributária, a Constituição deve servir de ponto de partida para os operadores do direito; e (iii) as doutrinas estrangeiras devem ser recebidas com prudência, em função das diversidades constitucionais.[141]

---

140. CARVALHO, Paulo de Barros. *Direito tributário:* linguagem e método cit., p. 243.

141. COÊLHO, Sacha Calmon Navarro. *Curso de direito tributário brasileiro*. 17. ed. Rio de Janeiro: Forense, 2020. p. 33.

Sobre a condição analítica do texto constitucional em matéria tributária e as consequências dela decorrentes, destacam-se especialmente as relacionadas à competência, a respeito das quais Geraldo Ataliba advertia:

> Ora, tanto a rigidez da discriminação, quanto a do próprio sistema tributário – que se traduz na necessidade de permissão, autorização, outorga expressa e específica do próprio texto constitucional – são peculiaridades da nossa Constituição. Nos estados unitários, não há razão para discriminação de rendas, donde a ausência de disciplina tão ampla. Nos demais estados federais, a repartição das competências tributárias é formada em termos genéricos, que caracterizam os respectivos sistemas constitucionais como flexíveis. Desta flexibilidade decorre – via de regra – a flexibilidade de todo o sistema tributário, como da inflexibilidade da nossa discriminação decorre a do próprio sistema, como um todo.

Além da rigorosa demarcação de competência, integram a Carta Magna dispositivos destinados a delimitar a extensão e as fronteiras da tributação, objetivando proteger os cidadãos de abusos do Estado na imposição tributária. Nesse contexto, Regina Helena Costa,[142] lembra que a rigidez do sistema e a limitada liberdade outorgada aos legisladores e aplicadores da lei tributária dão origem a outras limitações, entre as quais as chamadas cláusulas pétreas.

Dispostas no art. 60, § 4º, da Constituição Federal e responsáveis por consagrar normas constitucionais que afirmam valores imutáveis para o Estado brasileiro, interessam de perto à tributação as alusivas ao impedimento de, por meio de emenda constitucional, veicular-se qualquer preceito que conduza à supressão da forma federativa de Estado, da separação dos poderes e dos direitos e garantias individuais.[143]

---

142. COSTA, Regina Helena. Tributação e direitos fundamentais. *In: Superior Tribunal de Justiça*. Doutrina: edição comemorativa, 25 anos. Brasília: Superior Tribunal de Justiça, 2014. p. 564.

143. COSTA, Regina Helena. Tributação e direitos fundamentais cit., p. 544.

A proteção da forma federativa e da separação dos poderes relacionam-se com o rigor da repartição das competências tributárias, enquanto os direitos e garantias individuais instituem obstáculos intransponíveis à introdução de inovações no sistema tributário, tendo em vista que restringem a atividade estatal de exigir tributos.[144]

Ao versar sobre os direitos fundamentais a Constituição brasileira assegurou a igualdade de todos perante a lei, a inviolabilidade da propriedade privada, a liberdade de ir e vir, a liberdade de associação e reunião, entre outras garantias que se apresentam como proibições ao Estado de lesar, por meio de leis, atos administrativos ou decisões judiciais, estes valores tutelados pelo texto constitucional.[145]

Muitos desses valores estão replicados na expressiva pauta de restrições aos entes federados disposta no art. 150 da Constituição Federal, restringindo o exercício das competências tributárias pelos entes federados e definindo direitos e garantias fundamentais, "sem prejuízo de outras garantias asseguradas ao contribuinte", o que implica importantes consequências para a interpretação e a aplicação do sistema tributário como um todo.[146]

É o que se vê na determinação do seu inciso II, que veda a instituição de tratamento desigual entre contribuintes que estejam em situação equivalente; na alínea *a* do inciso III, com a proibição da irretroatividade das normas que instituem ou majoram tributos, salvaguardando a segurança jurídica; na determinação do inciso IV em que se veda o uso do tributo com efeito de confisco, preservando-se, assim, a propriedade privada; no impedimento de que

144. COSTA, Regina Helena. Tributação e direitos fundamentais cit., p. 544.

145. CARRAZZA, Roque Antonio. *Curso de direito constitucional tributário* cit., p. 386.

146. FISCHER, Octávio Campos. Direitos fundamentais dos contribuintes: breves considerações. *Nomos. Revista do Curso de Mestrado em Direito da UFC,* v. 30, n. 1, p. 127, jan./jun. 2010.

o tributo seja empregado ameaçando o direito de ir e vir, conforme determina o inciso V que desautoriza o estabelecimento de limitações ao tráfego de pessoas ou bens, por meio de tributos interestaduais ou intermunicipais; e a instituição de imunidades previstas no inciso VI, importante mecanismo para a materialização de valores e liberdades tutelados pela sociedade.

O cânone da legalidade, merecedor de destaque em matéria tributária, é projetado sobre todos os domínios do direito pela redação do art. 5º, II, da Carta Fundamental, determinando que ninguém será obrigado a fazer ou deixar de fazer alguma coisa senão em virtude de lei e, no âmbito do direito tributário, ganhando feições de maior severidade, vendando a exigência ou majoração de tributos sem lei que o estabeleça, o que se verifica na determinação do inciso I do citado art. 150.[147]

A tributação, ensina Roque Carrazza,[148] concordando com Peitro Vierga, encontra três limites, sendo eles (i) *a reserva de lei*: princípio fundamental de acordo com o qual o tributo só pode ser criado por meio de lei; (ii) *a disciplina de lei*: a lei deve, também, determinar seus elementos fundamentais, vinculando a atuação da Fazenda Pública e reduzindo, ao máximo, o âmbito de discricionariedade do agente administrativo; (iii) *os direitos que a Constituição garante*: a tributação, ainda que elaborada com suporte em lei, não pode contrastar com os direitos constitucionalmente assegurados.

A mensagem contida no princípio da estrita legalidade, adverte Paulo de Barros Carvalho,[149] não é reservada unicamente ao legislador das normas gerais e abstratas, mas, igualmente, ao administrador público, ao juiz e a todos

---

147. CARVALHO, Paulo de Barros. *Direito tributário:* linguagem e método cit., p. 244.

148. CARRAZZA, Roque Antonio. *Curso de direito constitucional tributário* cit., p. 256-257.

149. CARVALHO, Paulo de Barros. *Direito tributário:* linguagem e método cit., p. 245.

aqueles a quem incumba cumprir ou fazer cumprir a lei, de forma que, qualquer tipo de imposição tributária que se pretenda instituir deve obediência aos ditames desse primado.

Note-se, portanto, que o sistema constitucional tributário brasileiro, detalhadamente definido pela Carta Magna,[150] fixa competências tributárias, outorgando aos entes federados o poder de tributar por meio da edição de normas infraconstitucionais, mas garante, em seu próprio texto, a custódia dos direitos fundamentais do contribuinte, limitando a ação do Estado.

Nesse contexto, o preâmbulo da Constituição preconiza a instituição de um Estado Democrático, destinado a assegurar o exercício dos direitos sociais e individuais, justificador da instituição do poder político que se justifica diante da necessidade de o Estado proteger e promover direitos fundamentais que, por seu turno, exigem recursos financeiros, que, na maior parte das vezes, têm origem em receitas tributárias.[151] Desse modo, os contribuintes devem pagar tributos, comprometendo em alguma intensidade a sua liberdade e da sua propriedade, para que, paradoxalmente, o Estado proteja e promova direitos fundamentais, incluídos a liberdade e a propriedade.[152]

---

150. Sobre o papel do Código Tributário Nacional em nosso sistema tributário, Paulo de Barros Carvalho leciona no sentido de que: "A Lei n. 5.172/66 cumpre, em termos de sistema tributário nacional, relevante papel de mecanismo de ajuste, calibrando a produção legislativa ordinária em sintonia com os manda mentos supremos da Constituição de 1988. Posso afirmar, de forma resumida, que exercendo sua missão, essa lei assegura o funcionamento do sistema, quer introduzindo preceitos que regulem as limitações constitucionais ao exercício do poder de tributar, quer dispondo sobre conflitos de competência entre as pessoas políticas de direito constitucional interno, ou disciplinando certas matérias que o constituinte entendeu merecedoras de cuidados especiais. Tudo visando à uniformidade e harmonia do ordenamento como um todo" (CARVALHO, Paulo de Barros. *Direito tributário:* linguagem e método cit., p. 237).

151. FOLLONI, André. Capacidade contributiva e dever fundamental. *Revista Direito Tributário Atual*, São Paulo: IBDT, n. 42, ano 37, p. 493-494, 2° semestre 2019.

152. FOLLONI, André. Capacidade contributiva e dever fundamental cit., p. 494.

O paradoxo, porém, não equipara (nem poderia, pelo axioma da hierarquia normativa equiparar) os direitos e garantias tutelados pelo texto constitucional e o dever de contribuir pela via do pagamento de tributos.

Uma visão menos cautelosa a respeito do assunto, conforme esclarece André Folloni,[153] poderia fazer concluir que ou o tributo é uma agressão aos direitos fundamentais, ou o tributo, enquanto requisito para a realização dos direitos fundamentais, jamais os ameaça ("tributo é dever"). Ocorre que, conclui o autor, não sendo nem a negação dos direitos fundamentais, nem, obrigatoriamente, a sua afirmação, a simplificação do raciocínio pode causar distorções capazes de transformar uma discussão jurídica em política, moral, econômica ou ideológica.

O dever de pagar tributos não é, do modo como vemos, um dever fundamental,[154] equivalente às garantias individuais previstas constitucionalmente, mas um dever que, no Brasil, decorre de lei, não estando alocado no mesmo patamar, nem desfrutando da mesma fundamentalidade dos direitos fundamentais pelo fato de o Estado, de quem é a atribuição de assegurá-los, os viabiliza (também) pela existência de tributos. Por isso, mesmo que os direitos fundamentais sejam fatalmente acometidos pela exigência tributária, a ação de tributar encontra limites objetivos na Constituição da República.

---

153. FOLLONI, André. Capacidade contributiva e dever fundamental cit., p. 495.

154. Em sentido diverso, Luciano Felício Fuck, entende que o dever fundamental de pagar impostos caracteriza-se essencialmente, em primeiro lugar, pela ausência de pretenso direito fundamental ao não pagamento de impostos. Isso significa que nenhum cidadão pode se furtar de contribuir economicamente com o sustento do Estado desde que instituído imposto na forma e no modo estipulado pela Constituição, isto é, observados a reversa legal, a anterioridade e todos os demais requisitos constitucionais (FUCK, Luciano Felício. *Estado fiscal e Supremo Tribunal Federal.* São Paulo: Saraiva, 2017. p. 62).

No Estado Democrático de Direito a cidadania tributária, antes de qualquer "dever", ensina Heleno Torres,[155] "consagra o direito de todos pagarem seus tributos segundo os critérios previstos em lei e desde que efetivados todos os direitos e garantias fundamentais", permanecendo garantida a segurança jurídica nos elementos definidores de certeza do direito e nos critérios de definição de justiça dos tributos. Por isso, acrescenta Torres, falar em um "dever fundamental de pagar tributos" tem mais um sentido pragmático do que algum efeito jurídico concreto".

Nesse cenário, como o objetivo constitucional do Estado é, exatamente, assegurar o bem comum e o exercício dos direitos individuais e sociais, não se deve admitir a violação de direitos individuais pela justificativa da garantia do bem comum, como a necessidade de arrecadação. Do contrário, justificativas como essa sempre poderão ser cogitadas em qualquer caso no qual o exercício do poder estatal esteja em discussão, ademais, a simples arguição de proteção e promoção de direitos não autoriza, por si só, a violação de direitos individuais.[156]

Como se vê, a União, os Estados-membros, os Municípios e o Distrito Federal, no exercício de suas competências tributárias, são obrigados a respeitar os direitos individuais e suas garantias e, de outro lado, o contribuinte tem a faculdade de, mesmo sendo tributado pela pessoa política competente, ver respeitados seus direitos públicos subjetivos, constitucionalmente garantidos.[157]

---

155. TORRES, Heleno Taveira. *Direito constitucional tributário e segurança jurídica:* metódica da segurança jurídica do Sistema Constitucional Tributário. 2. ed. São Paulo: Revista dos Tribunais, 2012. p. 432.

156. TORRES, Heleno Taveira. *Direito constitucional tributário e segurança jurídica:* metódica da segurança jurídica do Sistema Constitucional Tributário cit., p. 502.

157. CARRAZZA, Roque Antonio. *Curso de direito constitucional tributário* cit., p. 406-407.

O sistema tributário nacional é norteado, portanto, pela forte vinculação constitucional entre direitos fundamentais e as limitações ao poder de tributar, de modo que a introdução de normas que tendam a sacrificá-los, ainda que sob a justificativa de defesa dos interesses do Estado, não encontram amparo no próprio sistema. Normas que destoam do norte traçado pelo ordenamento invertem a lógica da organização do sistema, criam elementos que dele não poderiam fazer parte pela ausência de características que lhe são comuns, causando-lhe desequilíbrio e colocando em risco o direito em si.

4

AS FRONTEIRAS IMPOSTAS À INTERPRETAÇÃO AUTÊNTICA

Hans Kelsen, em a *Teoria pura do direito*, distingue a interpretação dos enunciados prescritivos feita pelo órgão responsável pela sua aplicação – a que chama interpretação autêntica – e a interpretação realizada pela ciência jurídica.

A interpretação feita pelo órgão aplicador será autêntica na medida em que assuma forma de lei, com caráter geral, criando direito não apenas para o caso concreto, mas para todos os casos iguais, ou, ainda, na hipótese da interpretação feita para um caso concreto, isto é, em que dele se origine tão somente uma norma individual ou a execução de uma sanção, quando a decisão prolatada por esta autoridade não possa ser anulada, tendo transitada em julgado.[158]

Assim, ainda que um indivíduo, observando determinado texto de lei regulador de conduta, quando tal conduta não se encontra univocamente determinada na norma que tem de observar, pretendendo cumprir o dever jurídico a que

---

158. KELSEN, Hans. *Teoria pura do direito* cit., p. 249-250.

deve obediência, também tem de realizar uma escolha entre diferentes possibilidades, essa interpretação (ou escolha) não será autêntica, tendo em vista que a sua vontade não é vinculante, e, dessa maneira, sua decisão pode vir a ser considerada como errônea para o órgão que aplica a norma.[159]

A força vinculante que ocorre quando o sentido de uma norma é definido por um ato de vontade de uma autoridade, repousa na competência atribuída a ela para tanto e, desse modo, na capacidade de que o sentido estabelecido seja aceito por todos.[160]

A atividade do intérprete autêntico – noção que se aproxima fortemente da atividade desenvolvida pelo STF – no entanto, encontra fronteiras que devem ser respeitadas.

Visto por muito tempo como um poder não normativo, lembra Riccardo Guastini, o juiz não passava da "boca da lei" e o Poder Judiciário era quase nulo, sequer sendo considerado um "verdadeiro" poder, motivo pelo qual não precisava ser controlado. Nessa circunstância, a maior parte das técnicas constitucionais de garantia dos direitos se reduziu a alguma forma de controle realizado por juízes no ato de aplicação do direito.[161]

Todavia, se se reconhece a atividade nomogenética exercida pelo Poder Judiciário, surge um problema inteiramente novo para o constitucionalismo e a necessidade de recorrer a técnicas constitucionais que garantam os direitos e liberdades contra o Judiciário.[162]

---

159. KELSEN, Hans. *Teoria pura do direito* cit., p. 250.

160. FERRAZ JR, Tercio Sampaio. *Introdução ao estudo do direito*. 11. ed. cit., p. 219-220.

161. GUASTINI, Riccardo. *Das fontes às normas* cit., p. 266-267.

162. GUASTINI, Riccardo. *Das fontes às normas* cit., p. 268.

Recorrendo-se ainda a Kelsen,[163] é importante rememorar que a relação entre um escalão superior e um escalão inferior da ordem jurídica, como a relação entre Constituição e lei, ou lei e sentença judicial, é uma relação de vinculação, sendo que a norma superior regula o ato através do qual a inferior é produzida, determinando não só o processo em que a norma inferior é posta, mas também, eventualmente, o conteúdo da norma a estabelecer, ainda que esta determinação nunca seja completa diante da impossibilidade de que o órgão emissor do comando possa prever todas as situações possíveis.

"O direito a aplicar forma, em todas estas hipóteses, uma moldura dentro da qual existem várias possibilidades de aplicação, pelo que é conforme ao direito todo ato que se mantenha dentro deste quadro ou moldura".[164] Assim, a nova norma deve poder ser reconduzida ao ordenamento, ainda que o juiz tenha boa margem de liberdade para decidir, como decorrência, inclusive, do princípio da estrita legalidade.

A decisão prolatada pelo Poder Judiciário, nesse contexto, em especial aquelas de caráter vinculante ou que não podem mais ser modificadas, impactam decisivamente no ordenamento jurídico e no equilíbrio do sistema tributário nacional. Sua validade como norma depende do encontro de um fundamento de validade em outra norma de superior hierarquia que deve estar explícita na fundamentação da decisão. Fundamentar com clareza, portanto, permite que as decisões judiciais, como normas jurídicas, sejam controladas.

A decisão jurídica deve, então, ser compreendida como ato de comunicação racional, em que a fundamentação é uma exigência, já que o discurso por ela produzido não deve ser apenas provado, mas *com*-provado, o que implica demonstração de obediência das regras a que ele está

---

163. KELSEN, Hans. *Teoria pura do direito* cit., p. 246.

164. KELSEN, Hans. *Teoria pura do direito* cit., p. 247.

submetido.[165] "A regra suprema do discurso decisório jurídico é o dever de prova: quem fala e afirma responde pelo que diz. Para ser racional, o discurso decisório tem de estar aberto à possibilidade de questionamento".[166]

O esforço interpretativo dispensado na atividade jurisdicional, entretanto, não deve pretender alcançar a vontade do legislador. Isso porque, além de somente ser possível acessar os atos de fala que tenham sido transcritos em linguagem competente, os enunciados prescritivos são, em regra, editados por uma legislatura, considerada como um corpo que se distingue de seus membros individuais. Logo, o que se pode alcançar é o significado linguístico do próprio texto legislativo, o que implica a afirmativa de que, além dos significados incorporados convencionalmente ao texto, não existe nenhum fato pertinente às intenções da legislatura que não a especificação formal do ato que executou.[167]

É preciso lembrar que, apesar de os legisladores terem seus desejos enquanto indivíduos, enquanto parlamentares devem se comportar conforme as regras a que estão sujeitos. Nesse passo, uma lei aprovada no parlamento é um *ato do parlamento* e não um ato do partido, preservando-se o princípio do governo da maioria, não para a maioria ou os membros da maioria.[168]

A presença insistente da intenção do legislador na fundamentação das escolhas feitas pelos tribunais distorce a regra de reconhecimento do sistema jurídico.[169] Os fundamentos da decisão judicial estão contidos no ordenamento

---

165. FERRAZ JR., Tercio Sampaio. *Introdução ao estudo do direito*. 11. ed. cit., p. 287.

166. FERRAZ JR., Tercio Sampaio. *Introdução ao estudo do direito*. 11. ed. cit., p. 287.

167. WALDRON, Jeremy. *As intenções dos legisladores e a legislação não intencional. In*: Direito e interpretação: ensaios de filosofia do direito. Trad. Luís Carlos Borges. São Paulo: Martins Fontes, 2000, p. 530.

168. Ibidem, p. 532-533.

169. Ibidem, p. 535.

e dele fazem parte ou poderão fazer de acordo com as suas próprias regras, sob pena de nos depararmos com a positivação de normas que não mantenham relação de pertinência com o sistema, afetando sua racionalidade.

O papel de intérprete autêntico atribuído à Suprema Corte, reforce-se, está estritamente relacionado à guarda da Carta Magna, o que cria a expectativa de que o STF respeite, até mais que os outros poderes, os seus limites, sem, no entanto, colocar-se acima deles (o que, evidentemente, é decorrência do respeito que deve à Constituição). Não há no Brasil um disfarçado semiparlamentarismo, em que o Supremo atua com um controle de poder moderador.[170] Se veladamente há, não deveria haver. E se normas jurídicas foram postas no sistema com usurpação de competência ou da extrapolação de qualquer limite constitucional, dele devem ser retiradas.

A arbitrariedade não cabe no espaço da moldura sugerida por Kelsen, que ganha corpo nas balizas estabelecidas pelo sistema de direito positivo, que deve ter como fundamento máximo de validade, como no caso do brasileiro, sua Carta Magna.

Assim, caberá ao julgador expressar, fundamentadamente, os motivos ensejadores de suas conclusões, apontando para os elementos formadores de seu convencimento. Esta é a única via capaz instrumentalizar o jurisdicionado para o controle da constitucionalidade das normas judiciárias, que, consequentemente, permitirá verificar a adequação das novas normas ao sistema de direito positivo.

170. No IX Fórum Jurídico de Lisboa, a participação do Ministro do Supremo Tribunal Federal Dias Toffoli, foi marcada por fala que, do modo como vemos, despreza as normas de competência constitucionalmente delineadas. Eis a afirmação: "Nós já temos um semipresidencialismo com um controle de poder moderador que hoje é exercido pelo Supremo Tribunal Federal". A assertiva está disponível em https://www.youtube.com/watch?v=7fhI-l2rJAA Acessado em 22/11/2021.

4.1 As normas jurídicas produzidas pelo Poder Judiciário e os limites da atividade interpretativa

A norma jurídica é produzida para ser aplicada a um caso concreto. Essa aplicação se dá mediante a formulação de uma decisão judicial, uma sentença, que expressa a norma de decisão. Eros Roberto Grau[171] observa, nesse contexto, que todos os operadores do direito a interpretam, mas, lembrando a lição de Kelsen, afirma que apenas certa categoria deles realiza plenamente o processo de interpretação, indo além, extraindo normas de decisão. Isso, contudo, adverte o autor, não significa que o intérprete literalmente crie a norma. O produto da interpretação é a norma expressada como tal. Mas a norma parcialmente preexiste, potencialmente no invólucro do enunciado prescritivo.

A distinção entre enunciado normativo e norma jurídica demonstra que os critérios sintático e semântico de validade podem ser empregados para os enunciados normativos, mas não são suficientes para estimar a validade da norma jurídica. Isso porque, de acordo com o que explica Bianor Arruda Bezerra Neto,[172] sendo a norma jurídica o resultado do esforço interpretativo e argumentativo realizada durante a construção da decisão judicial por juízes e tribunais, a partir dos enunciados normativos, elas não se satisfazem apenas com a aferição da relação sintática entre o enunciado e o ordenamento, no qual a norma é válida se proveniente de "autoridade competente" e posta segundo as "normas de produção" previstas no próprio sistema, nem da relação semântica entre o enunciado e o ordenamento jurídico, quando a validade está relacionada

---

171. GRAU, Eros Roberto. *Ensaio e discurso sobre interpretação/aplicação do direito* cit., p. 18 e 73.

172. BEZERRA Neto, Bianor Arruda. *O que define um julgamento e quais são os limites do juiz?* São Paulo: Noeses, 2018, p. 336.

ao comportamento da autoridade aplicadora quanto à sua aceitabilidade.

Partindo da premissa de que o ordenamento jurídico, em verdade, é composto por um conjunto de enunciados normativos e normas jurídicas, Bianor Arruda[173] preocupa-se com a impossibilidade de alcançar alguma uniformidade, estabilidade, coerência e, sobretudo, integridade nele, se não houver consenso em torno de um critério de validade da norma jurídica produzida por juízes e tribunais.

Para Elival da Silva Ramos,[174] o positivismo pós-kelseniano, renovado pela incorporação das conquistas da moderna Teoria da Interpretação, por um lado aceita a criatividade inerente ao processo de concretização normativa, porém, por outro, impõe ao juiz que se atenha à natureza predominantemente executória de sua função, o que importa no dever de observar a moldura jurídica que baliza os seus movimentos. Para Ramos, não se está tratando das limitações de ordem formal, decorrentes do peculiar modo pelo qual os magistrados aplicam o direito, exercendo a função jurisdicional, e que poderiam ser expressas no princípio do devido processo legal (em sua acepção formal). Se as decisões judiciais não são elaboradas livremente e se, tampouco, a discricionariedade do juiz é tão ampla quanto a do legislador, é nos limites substanciais que o próprio direito a aplicar lhe impõe que se há de buscar os critérios para a aferição do ativismo judiciário.

---

173. BEZERRA NETO, Bianor Arruda. *O que define um julgamento e quais são os limites do juiz?* cit., p. 336-337.

174. RAMOS, Elival da Silva. *Ativismo judicial.* 2. ed. São Paulo: Saraiva, 2015. Edição do Kindle (Locais do Kindle 1970-1978).

Com fundamento na lição de Garcia Amado e Luhmann, Celso Campilongo[175] faz importante consideração:

> O direito positivo não entende outras razões além daquelas traduzíveis nos termos de seu código, programas e função. Daí, afirma Garcia Amado, "o juiz, por exemplo, não atua em razão de fins, mas a partir do cumprimento de certas condições iniciais: as previstas na norma. Para Luhmann, desconhecer este dado e introduzir elementos teleológicos, cálculos sobre as consequências, discricionariedade judicial etc. significa bloquear a função do direito como estabilizador de expectativas, inviabilizar a redução da complexidade alcançada com a divisão de tarefas entre o legislador e o aplicador das normas e questionar a autonomia do sistema face aos demais sistemas, como o político, o econômico etc.

A esse respeito, ademais, é de enorme valor a lição de Paulo de Barros Carvalho[176] para quem a ideia de que toda a interpretação é infinita, nunca restrita ao campo semântico e da intertextualidade formada pelo diálogo que os textos mantêm entre si, não implicam ausência de limites à atividade interpretativa. A interpretação, ensina com clareza, "toma por base o texto: nele tem início, por ele se conduz e, até o intercâmbio com outros discursos, instaura-se a partir dele. Ora, o texto de que falamos é o jurídico-positivo e o ingresso no plano de seu conteúdo tem de levar em conta as diretrizes do sistema".

Lourival Vilanova[177] lembra, ademais, que:

> O legislador pode e deve deter-se na etapa de consulta aos dados sociais: é a etapa de pesquisa. Não pode deixar de ponderar, dentre as possíveis normas em função do social contexto, qual ou quais são melhores: é a etapa de política do direito. Mas o juiz não pode exorbitar, quer dizer, sair da órbita do sistema e vestir-se como tecnólogo social ou político social ou terapeuta social.

---

175. CAMPILONGO, Celso Fernandes. *Política, sistema jurídico e decisão judicial*. 2. ed. São Paulo: Saraiva, 2011. p. 22.

176. CARVALHO, Paulo de Barros. *Direito tributário:* linguagem e método cit., p. 205.

177. VILANOVA, Lourival. *Escritos jurídicos e filosóficos* cit., p. 363.

> Acompanham-no as vestes negras talares, símbolo de seu ofício insubstituível.

A assertiva de Vilanova remete ao importante conceito de *acoplamento estrutural* que Niklas Luhmann emprega à teoria dos sistemas. Sua utilização surge pela necessidade que Luhmann identifica de justificar a influência que o sistema do direito sofre do ambiente de que faz parte, mesmo sendo um sistema autopoiético.[178]

Originalmente formulado pelos biólogos chilenos Humberto Maturana e Francisco Varela, o conceito de acoplamento estrutural guarda relação com o fechamento autorreferencial dos sistemas autopoiéticos, isto é, daqueles em que os componentes do sistema são produzidos e reproduzidos a partir de operações internas do próprio sistema, mas que, no entanto, não podem subsistir isolados de seu ambiente.[179]

Enfatizando que o sistema jurídico é dotado de fechamento normativo e abertura cognitiva, Luhmann procura demonstrar que o fechamento normativo do sistema é obtido por meio da codificação binária lícito/ilícito, que proporciona seu fechamento operacional e a abertura cognitiva se dá por meio dos programas condicionais (leis, regulamentos,

---

178. Luhmann aporta à concepção de evolução da biologia (a *autopoiesis* de Maturana e Varela) a evolução da comunicação humana. "Evoluir não tem nenhuma conotação moralista, progressista ou algo semelhante. [...]. Aplicando a perspectiva biológica e a sistêmica à comunicação humana, Luhmann afirma que esta comunicação só funciona autorreferencialmente e que o sistema social opera no *medium* sentido para realizar a distinção autorreferência e heterorreferência, permitindo que, a cada informação dada a conhecer (partilhada = *Mitteilung*), o sistema atualiza sua autorreferência. [...]. A *autopoiesis* dos sistemas sociais está em a comunicação partir de operações específicas dela mesma reproduzidas no interior do sistema de comunicação referente" (SILVA, Artur Stamford da. *10 lições sobre Luhmann*. Petrópolis: Vozes, 2016. p. 77 e 79).

179. GONÇALVES, Guilherme Leite; VILLAS BOAS FILHO, Orlando. *Teoria dos sistemas sociais:* direito e sociedade na obra de Niklas Luhmann. São Paulo: Saraiva, 2013. p. 137.

contratos etc.) que, ao adjudicarem os valores do código, permitem que o sistema se abra cognitivamente.[180]

Nesse contexto, conclui que os sistemas autopoiéticos, apesar de serem autorreferenciais, não estão desacoplados de seu ambiente ou simplesmente o negam, de modo que o ambiente será sempre pressuposto pelo sistema. Por essa visão, a regulação do direito deve ser enfocada em termos de relação sistema/ambiente, já que os subsistemas sociais constituem ambiente uns para os outros.[181]

Pelo acoplamento estrutural, todavia, o sistema não é determinado pelo ambiente, mas irritado ou perturbado por ele. Para o sociólogo alemão, a sociedade como um sistema de comunicação depende de um acoplamento estrutural com os sistemas de consciência, já que é unicamente por meio da consciência que a sociedade pode ser influenciada por seu ambiente.[182]

Porém, esclarece Luhmann,[183] "os acoplamentos estruturais jamais introduzem normas do ambiente no sistema do direito, só fazem provocar irritação. A forma 'acoplamento estrutural' não constitui um tema normativo como se prescritiva fosse". E, nesse diapasão, Niklas Luhmann conclui:

> As instituições que executam a tarefa de prescrever do ponto de vista do sistema do direito (e ainda falaremos de propriedade, de contrato e de Constituição) efetivamente podem assumir a forma do direito, mas não em sua função de acoplamento estrutural. Esta deve se supor como algo dado. Ela se erige ortogonalmente

---

180. GONÇALVES, Guilherme Leite; VILLAS BOAS FILHO, Orlando. *Teoria dos sistemas sociais:* direito e sociedade na obra de Niklas Luhmann cit., p. 135-136.

181. GONÇALVES, Guilherme Leite; VILLAS BOAS FILHO, Orlando. *Teoria dos sistemas sociais:* direito e sociedade na obra de Niklas Luhmann cit., p. 137.

182. NIKLAS, Luhmann. *O direito da sociedade*. Tradução Saulo Krieger. São Paulo: Martins Fontes, 2016. p. 594.

183. NIKLAS, Luhmann. *O direito da sociedade* cit., p. 596.

> em relação às operações que dão lugar a estruturas próprias do sistema (normas) e se orientam de acordo com elas.[184]

Note-se, assim, que Luhmann admite que o sistema jurídico sofre influência de outros subsistemas sociais, mas deixa claro que a influência por si só nada prescreve. Será, portanto, preciso que o próprio direito normatize as provocações sofridas pelos outros subsistemas.

Examinando a teoria dos sistemas sociais, Guilherme Gonçalves e Orlando Villas Bôas Filho[185] chamam a atenção para a posição dos tribunais no âmbito do sistema jurídico, indicando que, para o sociólogo alemão, há uma diferenciação interna que, no sistema jurídico, hierarquiza o centro, constituído pelos tribunais, e a periferia, composta por todos os demais campos de trabalho não judiciais do sistema jurídico, plano esse que compreenderia as atividades contratuais, normalmente consideradas privadas, e a legislação. Essas últimas serviriam como "zonas de contato" desse sistema com os outros subsistemas funcionais da sociedade, tais como economia e política.

Nesse sentido, enquanto "zonas de contato", a periferia do subsistema jurídico seria muito mais suscetível a irritações que o centro desse mesmo subsistema que, por ser assim, submete-se mais do que a periferia a exigência de decisões consistentes. Ademais, além de a obrigação de decidir consistir, de acordo com a teoria de Luhmann, num critério que serve para posicionar os tribunais no centro do subsistema jurídico, permite seu fechamento operacional, na medida em que proporciona sua continuidade recursiva e consequente reprodução autopoiética.[186]

---

184. NIKLAS, Luhmann. *O direito da sociedade* cit., p. 596.

185. GONÇALVES, Guilherme Leite; VILLAS BOAS FILHO, Orlando. *Teoria dos sistemas sociais:* direito e sociedade na obra de Niklas Luhmann cit., p. 128.

186. GONÇALVES, Guilherme Leite; VILLAS BOAS FILHO, Orlando. *Teoria dos sistemas sociais:* direito e sociedade na obra de Niklas Luhmann cit., p. 129.

Vê-se, portanto, que, não por acaso, o processo que dá ensejo à prolação de normas judiciárias é regulado pelo próprio sistema. Esse é o jogo e são essas as suas regras. Não se trata de oferecer ao julgador um modelo com base no qual suas decisões devam ser proferidas, muito menos na defesa da superficialidade das interpretações literais. O trato cuidadoso e dedicado do caso concreto, com o adequado emprego das disposições legais é direito básico do jurisdicionado. A profundidade da interpretação dos enunciados prescritivos, no entanto, não deve extrapolar as barreiras delineadas pelo ordenamento.

4.2 A justificação e a fundamentação da decisão judicial como instrumentos de controle da produção normativa

Manuel Atienza[187] ensina que a filosofia da ciência costuma fazer a distinção entre o contexto de descoberta e o contexto de justificação das teorias científicas. Desse modo, uma coisa é a atividade de descobrir ou enunciar uma teoria, outra, diferente, é o procedimento consistente em justificar ou validar referida teoria, ou seja, em confrontá-la com os fatos, com o objetivo de demonstrar sua validade, tarefa regida pelas regras do método científico.

Em contexto semelhante, Ricardo Guastini[188] ensina que, a rigor, uma coisa é interpretar; outra é argumentar. Por essa ótica, argumentar não é propriamente parte da interpretação, mas, na verdade, o conjunto de razões que dão sustentação à interpretação escolhida.

187. ATIENZA, Manuel. *As razões do direito:* teoria da argumentação jurídica. Tradução Maria Cristina Guimarães Cupertino. 2. ed. Rio de Janeiro: Forense, 2014. p. 5.

188. GUASTINI, Riccardo. *Interpretar e argumentar.* Tradução Adian Sgarbi, Frederico Menezes Breyner, Fernando Daniel de Moura Fonseca. Belo Horizonte: D'Plácido, 2019. p. 22.

No âmbito das decisões judiciais, ainda de acordo com a lição de Guastini,[189] a argumentação da interpretação pertence à justificação externa da decisão e é parte integrante da motivação. Nesse sentido, para o jurista italiano, nos ordenamentos jurídicos modernos, a atividade jurisdicional se caracterizará, essencialmente, pela sujeição do juiz à lei (consistente na obrigação de aplicar o direito, corolário do princípio da legalidade) e a obrigação de motivar as decisões, significando que as decisões jurisdicionais devem ser (i) motivadas – argumentadas, justificadas – e precisamente (ii) motivadas, com base nas normas jurídicas preexistentes.

A justificação aparece no texto através de argumentos, por isso a argumentação se dedica a justificar premissas de uma conclusão, quando outra ou outras, ao menos em tese, sejam possíveis. Não é possível, portanto, argumentar para convencer, se não há fundamentos a serem defendidos pelos argumentos.[190]

Assim, no plano da construção da norma jurídica resultante do esforço interpretativo responsável pela prolação da decisão judicial, realizada em linguagem e conforme determinado sistema de referência, a justificação é atividade consistente em explicar provando ou demonstrando os critérios utilizados e respectivos sistemas de referência, usados pelo magistrado no processo de valoração, que redunda na atribuição de sentido à linguagem e, portanto, na criação da realidade jurídica que é a própria decisão.[191]

Ao justificar a tomada de sua decisão o magistrado deve trabalhar para convencer as partes e a sociedade como um todo a respeito da correção dos juízos que

---

189. GUASTINI, Riccardo. *Interpretar e argumentar* cit., p. 229-230 e 239.

190. BEZERRA NETO, Bianor Arruda. *O que define um julgamento e quais são os limites do juiz?* São Paulo: Noeses, 2018. 255 e 273.

191. BEZERRA NETO, Bianor Arruda. *O que define um julgamento e quais são os limites do juiz?* cit., p. 251.

realizou e que levaram ao fato jurídico. Deve, portanto, justificar a validade da construção de sua teoria, nos termos empregados por Atienza.

Essa necessidade de convencimento, de acordo com Bianor Arruda,[192] é dita inerente à atividade judicial, porque o juiz somente tem legitimidade para exercer o poder jurisdicional, interferindo na realidade social, se suas ações forem todas lastreadas nos critérios constantes dos princípios e regras do direito, desde a Constituição até o mais simples ato normativo administrativo aplicável, permitindo não somente aos interessados realizar o controle de suas conclusões, através dos meios processuais próprios (recurso, ações etc.), mas à própria sociedade, que tem a faculdade de acompanhar o exercício da função pública que desempenha.

No ordenamento jurídico nacional, o dever de fundamentação das decisões judiciais encontra amparo no fundamental direito do jurisdicionado ao devido processo legal, ao contraditório e à ampla defesa e, ainda, no comando do inciso IX do art. 93 da Constituição da República que, sob pena de nulidade, determina que todos os julgamentos têm de ser fundamentados.

O Código de Processo Civil de 2015 replica a ordem constitucional em seu art. 11 ao comandar que todos *os julgamentos dos órgãos do Poder Judiciário serão públicos, e fundamentadas todas as decisões, sob pena de nulidade*. Em seu art. 371 prescreve que o juiz deverá apreciar a prova constante dos autos, indicando na decisão *as razões da formação de seu convencimento* e, mais à frente, o art. 489 elenca os elementos essenciais da sentença e os seis incisos do § 1º[193] deste dispositivo relacionam os componen-

192. BEZERRA NETO, Bianor Arruda. *O que define um julgamento e quais são os limites do juiz?* cit., p. 252.

193. "Art. 489. São elementos essenciais da sentença:
[...]

tes que, ausentes, ensejaram uma decisão desprovida de fundamentos.

A justificação e a fundamentação, portanto, voltam-se à proteção dos direitos fundamentais do jurisdicionado e a eleição de fundamentos estranhos ao sistema jurídico nacional, escorados em considerações morais e juízos consequencialistas, estranhos ao ordenamento posto, devem ser refutadas com base nas regras típicas do Estado de Direito.[194]

De acordo com Lenio Streck,[195] discutir as condições de possibilidade da decisão jurídica é, antes de tudo, uma questão de democracia, de maneira que a transformação dos textos legais em normas jurídicas não pode depender da subjetividade do intérprete, como se os sentidos a serem atribuídos aos enunciados fossem fruto de sua vontade.

É, de acordo com a lição de Paulo de Barros Carvalho,[196] nas normas individuais e concretas que o direito se efetiva, se concretiza, se mostra como realidade normada,

---

§ 1º Não se considera fundamentada qualquer decisão judicial, seja ela interlocutória, sentença ou acórdão, que:
I – se limitar à indicação, à reprodução ou à paráfrase de ato normativo, sem explicar sua relação com a causa ou a questão decidida;
II – empregar conceitos jurídicos indeterminados, sem explicar o motivo concreto de sua incidência no caso;
III – invocar motivos que se prestariam a justificar qualquer outra decisão;
IV – não enfrentar todos os argumentos deduzidos no processo capazes de, em tese, infirmar a conclusão adotada pelo julgador;
V – se limitar a invocar precedente ou enunciado de súmula, sem identificar seus fundamentos determinantes nem demonstrar que o caso sob julgamento se ajusta àqueles fundamentos;
VI – deixar de seguir enunciado de súmula, jurisprudência ou precedente invocado pela parte, sem demonstrar a existência de distinção no caso em julgamento ou a superação do entendimento".

194. ANDRADE, José Maria Arruda de. Consequencialismo e argumento de risco fiscal na modulação de efeitos em matéria tributária. *Revista Direito Tributário Atual*, São Paulo, IBDT, n. 40, p. 514, 2018.

195. STRECK, Lenio Luiz. *O que é isto* – decido conforme minha consciência? 4. ed. Porto Alegre: Livraria do Advogado, 2013. Edição kindle.

196. CARVALHO, Paulo de Barros. *Direito tributário:* linguagem e método cit., p. 280.

produto final do intenso e penoso trabalho de positivação e, por ser assim, o trabalho preliminar de conhecer a feição estática do ordenamento jurídico não é o bastante, tornando-se imperiosa a pesquisa do lado pragmático da linguagem normativa, para saber se os utentes desses signos os estão empregando com os efeitos que a visão estática sugere. Nesse contexto, Paulo de Barros conclui de nada adiantar direitos e garantias individuais, placidamente inscritos na Lei Maior, se os órgãos a quem compete efetivá-los não o fizerem com a dimensão que o bom uso jurídico requer.

A justificação da decisão judicial e a fundamentação da construção da norma jurídica, portanto, deixam transparentes o caminho feito pelo intérprete no percurso gerador de sentidos, revelando se a incidência se deu de acordo com as regras e os valores tutelados pelo sistema, permitindo, assim, o controle da atividade jurisdicional.

4.2.1 O caso do Recurso Extraordinário 603.624/SC – Tema 325 da Repercussão Geral – a fundamentação não expressada no voto do Ministro Redator e a manutenção das contribuições ao Sebrae, Apex e ABDI sem suporte constitucional

Decisões colegiadas, a exemplo do que ocorre no Plenário da Suprema Corte brasileira, têm no debate da matéria posta para julgamento um de seus papéis fundamentais. A reflexão sobre o direito em discussão evidencia a todos os envolvidos no julgamento a interpretação feita pelos demais julgadores. As justificativas ficam todas à mostra, para que um denominador comum seja encontrado, ainda que nem todos saiam convencidos. O objetivo é entregar ao jurisdicionado a tutela jurisdicional que a Constituição Federal lhe garante.

Para que o julgamento prolatado atenda ao que pretende proteger o texto constitucional, entregando ao cidadão amplo acesso à Justiça, ao contraditório e ao devido processo legal, necessário se faz, conforme leciona Bianor Arruda Neto,[197] que as avaliações e valorações feitas para fundamentar e justificar tais decisões sejam levadas a termo de forma consciente e explícita, de maneira que todos os interessados e legitimados possam, de fato, questioná-las, impugná-las e, amplamente, debatê-las. De outro modo, as normas jurídicas postas por essas decisões correm o risco de se apresentarem sempre novas a cada caso, variando ao sabor da vontade dos participantes.

O caso do Recurso Extraordinário 603.624, Tema 325 da Repercussão Geral, esconde no debate argumentos que, apesar de presentes no discurso do Ministro Redator, – acompanhado por vários de seus pares em suas conclusões – de enorme relevância para o contribuinte, para o controle das normas postas pelo STF, não constam expressamente de seu voto.

O argumento de cunho econômico presente no discurso, mas esquecido na fundamentação do Ministro Redator, no entanto, está expresso no voto de pelo menos outros dois Ministros, o que nos faz lembrar que as decisões não são compostas apenas por ementas ou partes dispositivas. O todo é fundamental, especialmente quando estamos diante de decisões com efeitos vinculantes.

Assim, em sessão realizada inteiramente por videoconferência, o Plenário do STF, em 23 de setembro de 2020, por maioria, negou provimento ao Recurso Extraordinário 603.624, nos termos do voto do Ministro Redator Alexandre de Moraes, em que ficaram vencidos a Ministra Relatora Rosa Weber, Ministro Edson Fachin, Ministro Ricardo Lewandowski e Ministro Marco Aurélio. Nesse contexto, por maioria, foi fixada a seguinte tese: "*As contribuições*

---

197. BEZERRA NETO, Bianor Arruda. *O que define um julgamento e quais são os limites do juiz?* São Paulo: Noeses, 2018. p. 356.

devidas ao Sebrae, à Apex e à ABDI com fundamento na Lei 8.029/1990 foram recepcionadas pela EC 33/2001".[198]

4.2.1.1 As contribuições destinadas a terceiros e a Emenda Constitucional n. 33 de 2001

As contribuições ao Sebae, Apex-Brasil e ABDI são Contribuições de Intervenção no Domínio Econômico (CIDE) e, sendo assim, são regidas pelo art. 149, *caput*, da Constituição Federal, que originalmente não impunha restrições às bases de cálculo elegíveis quando da instituição de referidas figuras tributárias, dispondo apenas:

> Art. 149. Compete exclusivamente à União instituir contribuições sociais, de intervenção no domínio econômico e de interesse das categorias profissionais ou econômicas, como instrumento de sua atuação nas respectivas áreas, observado o disposto nos arts. 146, III, e 150, I e III, e sem prejuízo do previsto no art. 195, § 6º, relativamente às contribuições a que alude o dispositivo.
>
> § 1º Os Estados, o Distrito Federal e os Municípios poderão instituir contribuição, cobrada de seus servidores, para o custeio, em benefício destes, de sistemas de previdência e assistência social.

No contexto da disciplina constitucional da época, portanto, o legislador infraconstitucional estabeleceu que as contribuições em exame teriam a folha de salários como base de cálculo (Lei n. 8.029 de 1990). Entretanto, a publicação da Emenda Constitucional n. 33, em 12 de dezembro de 2001, incluiu ao citado art. 149 o § 2º, inciso III, que categoricamente passou a determinar:

> § 2º As contribuições sociais e de intervenção no domínio econômico de que trata o *caput* deste artigo:
>
> [...]

198. BRASIL, Supremo Tribunal Federal. Recurso Extraordinário 603.624. Relatora: Rosa Weber. *DJE* 13.01.2021.

> III – poderão ter alíquotas:
>
> a) *ad valorem*, tendo por base o faturamento, a receita bruta ou o valor da operação e, no caso de importação, o valor aduaneiro;
>
> b) específica, tendo por base a unidade de medida adotada.

Note-se, o § 2º faz relação exclusivamente entre as hipóteses dos seus incisos ao *caput* do art. 149 e a nenhum outro dispositivo constitucional, não se tratando, assim, de presunção.

Ademais, é importante salientar, especialmente pelo destaque feito no voto do Ministro Redator Alexandre de Moraes, como veremos mais à frente, que a Emenda n. 33 de 2001 é resultante do Projeto de Emenda Constitucional n. 277 de 2000, posteriormente substituído pelo Substitutivo à Proposta de Emenda à Constituição n. 277-A de 2000,[199] em que a inclusão das limitações inauguradas pelo referido inciso III do art. 149, inicialmente dirigidas apenas à Cide-combustíveis, foram assim justificadas:

> 14. As alíquotas *ad valorem* favorecem a arrecadação, pois proporcionam elevação da receita sempre que se elevam os preços dos produtos tributados. As alíquotas específicas tornam a arrecadação independente dos preços dos produtos tributados, não contribuem para a elevação dos índices de inflação quando os preços se elevam, e tornam mais fácil a previsão de receita, uma vez conhecidas a produção, a importação e o consumo. Além disso, impedem a prática do subfaturamento, como forma de evasão fiscal, e equilibram a carga fiscal, no caso de impostos que têm incidência "por dentro" na cadeia produtiva nacional e "por fora" sobre o produto importado. Acrescente-se que nos países desenvolvidos o "excise tax" incidente sobre combustíveis utiliza alíquotas específicas.
>
> A referência apenas à contribuição de intervenção no domínio econômico, contudo, pode ensejar o entendimento de que essas características não se aplicariam a outros tributos e contribuições, o que não parece conveniente. Pelo contrário, torna-se indispensável, a fim de alcançar plenamente os objetivos

199. BRASIL. Câmara dos Deputados. Proposta de Emenda à Constituição n. 277-A de 2000. Disponível em: https://encr.pw/jsKVd. Acesso em: 28 nov. 2021.

> almejados com a Emenda Constitucional de que ora se cogita – vale dizer, de equiparar as cargas tributárias incidentes sobre os combustíveis nacionais e os novamente uma questão positivada no projeto de lei/ emenda constitucional importados – que se possam instituir alíquotas *ad valorem* ou *ad rem* também para as contribuições sociais, nomeadamente, a Cofins e a do PIS/Pasep.
>
> *O texto do Substitutivo proposto, ao trazer esses dispositivos para o art. 149 da Constituição, procura solucionar esse problema, reafirmando a faculdade de o legislador infraconstitucional escolher livremente, ao deliberar sobre as contribuições sociais ou de intervenção no domínio econômico, entre ambas as espécies de alíquotas* (grifamos).

Como aprovada, portanto, a Emenda Constitucional n. 33 não se limitou ao âmbito de incidência apenas das contribuições sobre combustíveis e derivados de petróleo, mas dirigiu-se a todas as contribuições a que se refere o *caput* do art. 149 da Carta Magna.

No mais, as disposições inauguradas com a alteração do texto constitucional no ano de 2001 outorgaram ao legislador duas formas possíveis de instituição das Cide: (i) conforme previsão da alínea *a* do inciso III, § 2º do art. 149, por meio de alíquotas *ad valorem*, tendo por base o faturamento, a receita bruta ou o valor da operação e, no caso de importação, o valor aduaneiro; ou (ii) conforme alínea *b* do inciso III, § 2º do art. 149, através de alíquotas específicas, tendo por base a unidade de medida adotada. Na primeira hipótese, não é demais lembrar, a "faculdade" outorgada pela emenda constitucional diz respeito tão somente à alíquota e não à base de cálculo da contribuição.

Por fim, relevante ainda salientar que, na ocasião do julgamento do Recurso Extraordinário 559.937/RS,[200] de relatoria da Ministra Ellen Gracie, seguida por unanimidade nesse ponto, a Suprema Corte tratou dos limites impostos

---

200. BRASIL, Supremo Tribunal Federal. Recurso Extraordinário 559.937. Relatora Ministra Ellen Gracie. *DJE* 10.10.2013.

pela redação do art. 149 da Constituição Federal após a Emenda Constitucional 33 de 2001, quando da análise da questão da estipulação da base de cálculo do Programa de Integração Social (PIS) e da Contribuição para o Financiamento da Seguridade Social (Cofins) nas importações. Na oportunidade, ficou consignado pela Ministra:

> Com o advento da EC 33/01, contudo, a enunciação das bases econômicas a serem tributadas passou a figurar como critério quase que onipresente nas normas de competência relativas a contribuições. Isso porque o § 2º, III, do art. 149 fez com que a possibilidade de instituição de quaisquer contribuições sociais ou interventivas ficasse circunscrita a determinadas bases ou materialidades, fazendo com que o legislador tenha um campo menor de discricionariedade na eleição do fato gerador e da base de cálculo de tais tributos.
>
> [...]
>
> A utilização do termo "poderão", no referido artigo constitucional, não enuncia simples alternativa de tributação em rol meramente exemplificativo.
>
> *Não seria razoável, ainda, interpretar a referência às bases econômicas como meras sugestões de tributação, porquanto não cabe à Constituição sugerir, mas outorgar competências e traçar os seus limites* (grifamos).

O julgamento do Recurso Extraordinário n. 603.624 altera (ou descarta), depois de sete anos, a posição do Tribunal a respeito do assunto. Para o Ministro Gilmar Mendes – que tem seu voto marcado por argumentos econômicos[201] –, o voto condutor da Ministra Ellen Gracie "limitar-se-ia estritamente às bases e materialidades do inciso III do § 2º do art. 149 da CF", parecendo, a ele, que o tema foi tratado tão somente de *obiter dictum*, o que, em sua visão, descarta um posicionamento uníssono da Corte.

---

201. O voto do Ministro Gilmar Mendes e os argumentos que o compuseram serão detalhados mais à frente.

Impõe-se ao contribuinte, agora com o aval da Suprema Corte e as implicações dos julgamentos em repercussão geral, traços de constitucionalidade a contribuições que não encontram na Carta Maior fundamento de validade.

Parece-nos a concretização do risco de que as normas jurídicas se apresentem sempre novas a cada caso, variando ao sabor da vontade dos participantes, conforme tratou Bianor Arruda.

4.2.1.2 A construção do julgamento do Tema 325 da Repercussão Geral: os argumentos que fizeram e não fizeram parte da fundamentação e justificação do voto vencedor

Iniciaremos o exame aqui proposto pelo voto vencedor prolatado pelo Ministro Alexandre de Moraes. Em seu voto, a respeito do qual divergimos, o Ministro registra somente parte dos argumentos que fundamentam seu convencimento sobre o tema. Outros argumentos de extrema relevância, no entanto, foram proferidos apenas verbalmente em seu discurso durante a sessão plenária do julgamento, não tendo sido reduzidos a termo.

Dos argumentos expressados, importa destacar, sobretudo, que para Alexandre de Moraes, o art. 149, § 2º, III, da Constituição "não estabeleceu uma delimitação exaustiva das bases econômicas passíveis de tributação por toda e qualquer contribuição social e intervenção no domínio econômico" e que a pretendida taxatividade, derivaria de interpretação meramente literal:

> [...] nos termos da EC 33/2001 e em conjunto com o art. 177, § 4º, da CF, em relação às contribuições incidentes sobre a indústria do petróleo e seus derivados. Porém, para as CIDEs e as contribuições em geral, entre as quais as contribuições ao Sebrae, Apex e ABDI, manteve a mera exemplificação, não esgotando todas as possibilidades legislativas.

Para o Ministro, ademais, e aqui reside ponto de destacado relevo:

> *Embora o texto do § 2º do art. 149 realmente contemple enunciado com abertura maior, referindo-se a todas as contribuições do art. 149,* caput, *da CF, o resgate do processo de elaboração legislativa da EC 33/2001 revela que a sua aprovação foi motivada por um desígnio bastante singular: o de viabilizar caminhos normativos para que o Estado brasileiro pudesse tributar a venda de petróleo, gás natural e biocombustíveis* após a extinção do modelo de controle de preços que existiu até dezembro de 2001 (art. 69 da Lei 9.478/97, com redação dada pela Lei 9.990/00).
>
> [...]
>
> O texto aprovado na Câmara dos Deputados para o art. 149, § 2º, III, não chegou a receber alterações posteriores no Senado Federal.
>
> O que emerge de mais relevante dos excertos reproduzidos acima é a percepção de que a proposta que resultou na EC 33/2001 sempre ambicionou expandir os limites possíveis para a tributação das atividades de comercialização ou importação de petróleo e seus derivados, de gás natural e de álcool carburante.
>
> *No intuito de prover uma plataforma mais ampla para a tributação da indústria de petróleo e derivados, a EC 33/2001 terminou por veicular um enunciado mais genérico do que deveria, suscitando interpretações universalistas como a apresentada neste recurso extraordinário.*
>
> *Não tenho dúvidas de que a EC 33/2001 foi editada com aspirações pontuais,* razão pela qual deve o elenco da atual redação do art. 149, § 2º, III, da CF ser lido com tônica exemplificativa, e não exaustiva. Por tudo isso, creio que as contribuições sob exame foram recepcionadas pela EC 33/2001 (grifamos).

A curiosidade nos faz notar que nesse julgamento, diferentemente do que ocorreu no julgamento da contribuição instituída pelo art. 1º da LC 110 de 2001, objeto do Recurso Extraordinário que será analisado mais adiante, no capítulo 5, o mesmo Ministro que lá descartou o conteúdo da exposição de motivos, aqui recorre ao projeto de emenda constitucional para tentar justificar aquilo que (assim como no caso anterior) não está expresso no dispositivo legal.

Se houvesse, na hipótese, divergência entre o que está positivado no texto constitucional e o projeto de emenda que lhe deu origem, parece claro que a disposição constitucional teria de prevalecer, mas não há dissenso, como dissemos mais acima, entre um e outro.

É o próprio Alexandre de Moraes quem reconhece que houve a produção de um enunciado genérico, que não estava direcionado a uma só das contribuições. O que vem seguir em sua fala, guarda exclusivamente relação com o seu sentir e não com o que está positivado.

Não é demais recordar que o Projeto de Emenda Constitucional 277-A de 2000, consignou que o texto do Substitutivo proposto, ao trazer as alterações para o art. 149 da Constituição, procurou reafirmar a faculdade de o legislador infraconstitucional escolher livremente, ao deliberar sobre as contribuições sociais ou de intervenção no domínio econômico, sem especificações ou vinculações a qualquer outra disposição constitucional.

Esses foram os fundamentos levados aos autos pelo Ministro Redator. No entanto, depois de ler seu voto em plenário virtual, o Ministro deu sequência à sua fala, acrescentando argumentos de grande relevância, mas que, injustificadamente, não foram incorporados ao voto. É o que se verifica da transcrição que segue:

> (28'13") Dessa forma, senhor Presidente, Eminente Ministra Relatora, Ministra Rosa Weber, com todo respeito aos respeitáveis argumentos ilustrados pela Ministra Relatora, entendo que é justamente na teleologia da norma e da interpretação constitucional das próprias constituições, a inexistência de taxatividade, tanto para as alíquotas, tanto para a base de cálculo das contribuições aqui enfocadas.
>
> (28'50") Se o R.E. 396.266 de relatoria do Min. Carlos Veloso, embora a questão tenha sido analisada à luz do art. 149, na redação anterior à Emenda 33, essa específica contribuição destinada a concretizar os princípios da ordem econômica, foi analisada sob a ótica da necessidade dessas contribuições para o fomento da

> micro e pequena empresa. O Eminente Relator à época, Ministro Carlos Veloso, bem destacou, disse ele "não sendo a contribuição de interesse das categorias profissionais ou econômicas, mas de contribuição de intervenção do domínio econômico, a sua instituição está jungida aos princípios gerais da atividade econômica".
>
> (29'45") Vale a mesma argumentação agora, mesmo após a edição da Emenda 33. Limitar, e aqui parece-me mais grave no deslinde da questão que estamos ora a tratar, *limitar as possibilidades de atuação do Estado [...] por uma interpretação extremamente literal, reducionista, na atual redação do artigo 149, inciso III, parágrafo 2º, da Constituição Federal, com todo o respeito às posições em contrário, não me parece a melhor exegese para a consecução exatamente dos desígnios, da finalidade constitucional dessas hipóteses, que trazem a viabilização, viabilizar a promoção das micro e pequenas empresas tão importantes, tão importantes sempre, mas nesse atual momento para a geração de empregos, geração de renda. E esse desígnio constitucional de promoção de desenvolvimento das micro e pequenas empresas já foi reconhecido como a finalidade constitucional do artigo 149, parágrafo 2º, inciso III, pelo Plenário da Corte, em julgamento da ADI 4033 de relatoria do Eminente Ministro Joaquim Barbosa em 2001. [...] "O fomento da micro e da pequena empresa foi elevado à condição de princípio constitucional [...]".*
>
> (32'11") Aqui, o que se pretende exatamente é uma interpretação mais adequada, harmônica, com a finalidade, com a *racio* e finalidade, com ambas, da norma constitucional, assegurar condições propícias para as empresas de pequeno porte poderem gerar empregos, gerar renda, gerar um crescimento da economia nacional.[202]

Sabemos que, não vertidos na linguagem exigida pelo direito, tais argumentos não farão parte da fundamentação da decisão e, assim, não integrarão a norma que ingressará no sistema. Reside exatamente aí a impossibilidade de controle das normas jurídicas postas em condições como essa.

A fala do Ministro, registrada pela gravação da sessão virtual (que, em razão do registro transformou-se em fato) é carregada de justificativas econômicas.

---

202. BRASIL, Supremo Tribunal Federa. Pleno – Contribuição social destinada ao Sebrae, à Apex e à ABDI. YouTube, 27.09.2020. Disponível em: https://www.youtube.com/watch?v=3hZzYicennI. Acesso em: 30 nov. 2021.

Em seu voto, Alexandre de Moraes buscou validar a exigência das contribuições ao Sebrae, à Apex e à ABDI com fundamento na Lei 8.029 de 1990, mesmo após o advento da EC n. 33 de 2001 que, expressamente restringiu as materialidades das contribuições sociais e interventivas gerais, limitando-as ao faturamento, à receita bruta, ao valor da operação e ao valor aduaneiro, excluindo folha de salários. Todavia, os argumentos não subscritos demonstram preocupações que não encontram suporte no ordenamento jurídico, por melhores que sejam suas intenções.

Se o tributo é inconstitucional e as instituições que dele dependem sofrerão com a ausência de recursos, é do Estado a tarefa de encontrar meios para viabilizar a sua manutenção, assim como é do Estado a responsabilidade pelo fomento e o desenvolvimento das micro e pequenas empresas, bem como a criação de empregos. Esses são desígnios que a Constituição Federal atribui, repita-se, ao Estado e que não podem ser arguidos autorizar uma tributação para além dos limites constitucionais.

Mas, retomando a problemática dos argumentos não expressados na fundamentação, é importante verificar que, sendo parte do debate, é também parte do convencimento dos demais Ministros que terminam por acompanhar o voto vencedor. É o que se verifica, por exemplo, da manifestação do Ministro Ricardo Lewandowski que aderiu "à tese agora veiculada pelo Ministro Alexandre de Moraes".

A norma posta pelo STF após o julgamento em exame afronta a Constituição Federal em sua exigência de que os julgamentos sejam fundamentados sob pena de nulidade, viola as normas processuais brasileiras e impede que o jurisdicionado tenha pleno conhecimento das razões que deram ensejo ao convencimento dos Ministros.

Arriscamos, ademais, a ressalva de que, mesmo admitindo que as palavras ditas pelo Ministro Alexandre de Moraes, mas não reproduzidas em seu voto, não tenham se tornado parte da norma, suas "considerações" integraram o voto dos demais Ministros que registraram anuência ao que foi dito, o que, por óbvio, normatizando, em certa medida, os fundamentos ocultados do voto vencedor.

4.2.1.3 De quem é o ônus? O argumento econômico expressado

O voto no Ministro Gilmar Mendes no julgamento do Recurso Extraordinário que estamos examinando ilustra bastante nossas preocupações, especialmente porque o Ministro se distancia completamente do direito colocado em julgamento, dos argumentos trazidos aos autos pelas partes (que, no caso dos autos envolvem, particularmente, Fiação São Bento S/A e União) para, claramente, atuar em função não outorgada pelo sistema aos juízes e tribunais brasileiros, deixando consignado, inclusive, ser notório o diálogo bastante fluído que conserva com o ministro da economia:

> Neste momento, portanto, o Governo busca novas fontes de custeio. [...] Não me furto também de lembrar uma máxima que deve nos orientar e que orienta a Alemanha desde a Constituição de 1949 – a *Grundgesetz* –, que é aquilo que se chama e que se tornou, na verdade, pauta de conduta institucional, legal e ética: o voto de desconfiança construtivo.
>
> *O que fica no lugar? Gostaria que alguém me respondesse. Quer dizer, como vão subsistir essas instituições, que prestam um importante serviço, a partir do desaparecimento do fundamento que lhes dá lastro, que lhes permite viver?* Essa é uma pergunta que temos que fazer sempre que lidamos com contribuições de caráter tributário.
>
> *Essas instituições desaparecem, seus serviços desaparecem. O Estado terá, muito provavelmente, que assumir o ônus de fazer esses serviços em muitos casos.* No momento em que essa questão está posta, em que tem que haver treinamento e retreinamento de pessoas, melhoria das condições de empreendedorismo e tudo o mais. É preciso que tenhamos essa visão.

A distorção parece completa. O fundamento de validade das contribuições precisa ser mantido a todo custo, ainda que o custo seja a sua inconstitucionalidade, para que o

Estado não tenha de assumir uma responsabilidade que é sua. Retomemos: ainda que custeado pelo pagamento de tributos, a afronta aos direitos e garantias fundamentais do contribuinte, a tributação que avança sobre os limites estabelecidos constitucionalmente ao poder de tributar, fazem o Estado Democrático de Direito deteriorar.

O Estado, por meio do Poder Judiciário, que sequer tem competência para tanto, não pode avançar sobre o patrimônio do contribuinte com medidas inconstitucionais. Tirar riqueza de quem a produz não a fomenta, mas engessa. Onerar quem gera empregos provoca demissões e informalidades.

Atento às mesmas preocupações do Ministro Gilmar Mendes, apesar de parecer considerar a possibilidade de ter havido o estabelecimento de "uma nova base de incidência" para as contribuições, o Ministro Luiz Fux também votou empregando argumentos econômicos:

> Mercê do brilhantíssimo voto da Ministra Rosa Weber e dos votos dos integrantes que a acompanharam, Ministros Edson Fachin, Ricardo Lewandowski e Marco Aurélio, confesso que fiquei impressionado com a interpretação histórica desse dispositivo e da *ratio essendi* da lei, no sentido de que haveria a possibilidade de se estabelecer uma nova base de incidência, principalmente porque, além das bases de cálculos estabelecidas, há uma vagueza na base inespecífica desse inciso da lei.
>
> Por outro lado, estamos vivendo um momento em que é preciso manter o *status quo* do desenvolvimento econômico. Além da teleologia da interpretação levar isso em consideração, hoje, mais do que nunca, é preciso – como relembrou o Ministro Gilmar Mendes e o Ministro Barroso – que se faça uma interpretação contextualista, consequencialista.
>
> *Nesse particular, é deveras preocupante essa indagação, sem resposta: o que é que vai ficar no lugar?*
>
> *Trago voto mais alentado, mas, para abreviar e exercer exatamente o papel do Presidente, que é o de solucionar os problemas e não criar outros,* vou pedir todas as vênias à corrente que se posicionou no sentido do provimento do recurso, para acompanhar a

divergência aberta pelo Ministro Alexandre de Moraes e negar provimento ao recurso.

Solucionar os problemas de quem? Onde, nos autos da ação posta para julgamento, em sede de repercussão geral, com impacto para todos os contribuintes afetados pelas contribuições em questão, está acostado o cálculo demonstrando que o impacto financeiro que será causado nas empresas que sobrevivem às duras penas no país, suportando carga tributária altíssima, deveres instrumentais que para além de complexos são onerosos, será menor do que aquele que terá a Fazenda Pública. Antes disso: qual a relação entre os impactos financeiros e o direito? A solução a ser buscada nos autos não deveria ser puramente jurídica?

As soluções pretendidas pelo julgamento consequencialista são soluções simplistas para problemas gravíssimos, partindo de autoridades que nem tem competência para tanto, nem tem os instrumentos necessários para sua elucidação. Pior, o problema não está nos autos.

"Não cabe ao Supremo potencializar argumentos metajurídicos. Não cabe ao Supremo fechar os olhos à Constituição Federal e ser estritamente consequencialista, potencializando repercussões de se glosar este ou aquele tributo, não importa qual seja", lembra, com lucidez, o Ministro, vencido, Marco Aurélio Mello.

A norma positivada pelo STF com o julgamento do RE 603.624, fixando o Tema 325 da Repercussão Geral, afronta preceitos constitucionais, desequilibra o sistema tributário nacional, e, nesse contexto, carece de fundamento de validade, sem o qual não poderia ser mantida no ordenamento.

5

A DECISÃO JUDICIAL FUNDAMENTADA EM ELEMENTOS EXTRASSISTÊMICOS

De acordo com o que vimos, a linguagem do direito, constituidora da realidade jurídica, é edificada a partir da realidade social, com feição de linguagem de segundo grau, por meio de um cuidadoso processo seletivo tanto na absorção dos acontecimentos que hospeda em suas hipóteses, quanto na ação deôntica de seus operadores, realizando o código lícito/ilícito. Assim, sendo os enunciados normativos seletores de propriedades em que o legislador estabelece quais os aspectos do suporte físico devem ou não ingressar nos domínios do direito, há necessário e inevitável intervalo entre as duas realidades. Verificar até que ponto a realidade jurídica deve se manter afastada da realidade social ou, ainda, outros segmentos cognoscentes do fenômeno jurídico, é questão atinente ao bom funcionamento do sistema e à sua eficácia como corpo de regras.[203]

203. CARVALHO, Paulo de Barros. *Direito tributário:* fundamentos jurídicos da incidência cit., p.160.

Não se trata, é importante que se diga, de pretender distanciar o direito das dinâmicas mudanças da vida social. Paulo de Barros Carvalho[204] pondera a esse respeito que o ordenamento que não contemple suficientemente os fatos sociais, não pode pretender realizar os valores que se propõe e, por isso, lembra do indispensável esforço das autoridades legislativas, movidas pela pressão popular, amparadas pela lição dos doutos, atentas nas manifestações do Poder Judiciário.

Barros Carvalho[205] nota, ademais, que o direito positivo, sendo um subsistema do sistema social total, mesmo que paralisado no campo da produção legislativa, ou seja, ainda que suas normas gerais e abstratas permaneçam inalteradas, sem atualização, continuará em movimento, sofrendo modificações, no tempo, o quadro de suas significações, fenômeno que se explica por força, fundamentalmente, da materialidade dos planos semântico e pragmático de sua linguagem, motivo pelo qual, afirma o ilustre doutrinador, "o ordenamento é fechado em termos sintáticos, mas abertos nos níveis semântico e pragmático".

A abertura semântica e pragmática, no entanto, não autoriza que o juiz, na qualidade de hermeneuta, traga em sua decisão elementos que não pertençam ao ordenamento jurídico ou desbordem dos acontecimentos sociais previstos nas hipóteses normativas, já que apenas a previsão no antecedente da regra positivada dará ensejo a nascimento do fato jurídico, por ser este um efeito da incidência da norma jurídica que juridiciza o suporte fático. A inexistência de previsão normativa, ou a ocorrência de fato social que não se subsuma à hipótese normatizada, impede a incidência e, portanto, a juridicização do fato.

---

204. CARVALHO, Paulo de Barros. *Direito tributário:* fundamentos jurídicos da incidência cit., p. 161.

205. CARVALHO, Paulo de Barros. *Direito tributário:* fundamentos jurídicos da incidência cit., p. 161.

Alfredo Augusto Becker,[206] verificando a crescente atribuição ao fato bruto (fato social) a virtualidade de jurídico, preocupou-se em advertir para a preocupante "inversão *irracional* da fenomenologia jurídica: o fato subjugando o jurídico, esquecendo-se que o jurídico existe justamente para dominar o fato".

Para Becker,[207] apesar de justo e sadio o anseio pela simplificação do direito, é errado pensar que se obterá uma simplificação permitindo que as estruturas de fato subjuguem as estruturas jurídicas, tendo em vista que a finalidade das estruturas jurídicas não é de complicar, mas, precisamente, a de simplificar os fatos sociais disciplinando-os e conduzindo-os mediante a deformação do fato social pela regra jurídica. E, aproximando o tema do direito tributário, explica:

> No subconsciente de muitos modernos estudiosos do Direito Tributário existe enraizada, germinando e lançando frutos, a ideia errada de que o Direito Tributário só poderá atuar se os fatos econômicos forem desembaraçados da sobrecarga adventícia e artificial da estrutura jurídica que lhes estaria tolhendo sua simplicidade natural ou constringindo sua genuína potencialidade ou deformando sua realidade. Nos frutos desta falsa ideia, eles vêem uma evolução do Direito Tributário. Entretanto, na verdade, há uma involução; em nome do Direito Tributário, eles matam o Direito e ficam apenas com o Tributário (a Ciência das Finanças Públicas).
>
> [...]
>
> Tanto no Brasil como nos demais países, o orçamento público desnudou-se do jurídico; a estrutura jurídica clássica e tradicional do orçamento público converteu-se numa legislação residual; a aceleração da História e os progressos da Economia Política, das Finanças Públicas e da Política Fiscal demonstraram que o instrumental jurídico clássico para disciplinar o orçamento público tornou-se radicalmente obsoleto. Certamente, esta estrutura jurídica inservível deve ser abandonada; porém esta modificação não pode consistir – como infelizmente, hoje, é

206. BECKER, Alfredo Augusto. *Teoria geral do direito tributário* cit., p. 97.

207. BECKER, Alfredo Augusto. *Teoria geral do direito tributário* cit., p. 101.

> a atitude – na renúncia do jurídico, mas na construção imediata de um outro e novo instrumental jurídico para o Estado manejar na sua atividade financeira.[208]

Não se trata, devemos insistir, de engessar a atividade interpretativa do aplicar da norma na ocasião da decisão judicial, mas de limitá-la às previsões sistêmicas e, neste ponto, cientes das críticas feitas por Tathiane Piscitelli[209] à teoria de Becker, concordamos com a autora ao lembrar que a teoria da linguagem aplicada ao direito demonstrou que a interpretação é a construção do sentido pelo exegeta, que deve trabalhar nos limites do ordenamento jurídico e dos princípios que os informam, construindo o sentido da norma jurídica e, sendo o caso, aplicando-a ao caso concreto.

Marcelo Neves[210] ensina, ademais, que a vigência jurídica das expectativas normativas não é determinada imediatamente por interesses econômicos, critérios políticos, representações éticas, nem mesmo por proposições científicas, ela depende de processos seletivos de filtragem no interior do sistema jurídico.

A intransponível barreira do fato puro fica ainda mais clara na conclusão de Paulo de Barros Carvalho[211] que leciona:

> [...] o termo ou expressão ao adquirir o qualificativo "jurídico" não somente será representativo de uma unidade do universo do direito, como também denotará seu contraponto, que são todos os outros fatos linguisticamente possíveis de ser construídos a partir daquele mesmo evento, mas que não se enquadram às regras sintática e semanticamente dadas pelo sistema de linguagem do

208. BECKER, Alfredo Augusto. *Teoria geral do direito tributário* cit., p. 102 e 108.

209. PISCITELLI, Tathiane dos Santos. *Argumentando pelas consequências no direito tributário*. São Paulo: Noeses, 2011. p. 99.

210. NEVES, Marcelo. *A constitucionalização simbólica*. 2. ed. São Paulo: Editora Acadêmica, 1994. p. 120.

211. CARVALHO, Paulo de Barros. Entre a forma e o conteúdo na desconstituição dos negócios jurídicos simulados. Disponível em: https://encr.pw/hUl7c. Acesso em: 15 maio 2023.

> direito. [...] de um mesmo evento pode-se construir um fato jurídico ou um fato contábil; mas um e outro são sobremaneira diferentes, o que impede de inscrever o último como antecedente da norma individual e concreta, dado que representa unidade carente de significação jurídica. O fato capaz de implicar o consequente normativo haverá de ser sempre fato jurídico, mesmo que muitas vezes haja situações em que um e noutro estejam presentes os mesmos conteúdos denotativos. A partir desses dados é que poderemos demarcar o conjunto dos fatos jurídicos, separando-o do conjunto dos fatos não jurídicos, onde se demoram os fatos econômicos, os fatos contábeis, os fatos históricos e tantos outros quantas sejam as ciências que os constroem.

Afinal, como ensina Lourival Vilanova,[212] o julgamento acontece de acordo com o que o direito provém de fontes independentes dos juízes, ainda que eles colaborem para a sua produção. E assim, "julgar o direito mesmo, e substituí-lo quando não correspondendo a uma medida de valor, exige do juiz o que ele, como cidadão, pode fazer, mas não pode fazer como juiz: política do direito [...]".

O que buscamos desde já demonstrar é: se o fato econômico, argumento cada vez mais presente em decisões no âmbito do direito tributário, por mais relevante que seja ou pareça ser, se não for qualitativamente jurídico porque não vertido em linguagem própria do direito, é fato puro que não pode se sobrepor ao que é jurídico. Até porque, o Judiciário é intérprete aplicador do direito que está positivado. Guardar a economia pública não é função que lhe foi outorgada, especialmente quando o interesse público que, em tese, tutela, só enxerga o lado da moeda em que se vê estampada a face das Fazendas Públicas.

A imposição de pagamento de tributos inconstitucionais pela via de argumentos não jurídicos inviabiliza o próprio conceito de sistema, afronta os direitos mais fundamentais dos contribuintes, desprezando as limitações ao poder de tributar.

---

212. VILANOVA, Lourival. *Escritos jurídicos e filosóficos* cit., p. 361.

Do mesmo modo – afinal o desrespeito ao direito não cabe para nenhum lado –, seria igualmente afrontoso ao Estado Democrático de Direito aceitar que o que não está positivado servisse de justificativa para livrar os contribuintes de tributos que estão de acordo com os limites impostos pelo ordenamento jurídico nacional.

Tudo isso porque, sem a tipificação de fatos e condutas, seria impossível ordenar a existência social.[213]

5.1 Os argumentos extrassistêmicos

Em *As regras do direito e as regras dos jogos*, Gegório Robles[214] faz a distinção entre os termos convenção e decisão para esclarecer que o primeiro se refere à criação de determinado âmbito ôntico prático, originário de uma decisão ou de um conjunto de decisões, em que se estabelece, a partir daí, em que coordenadas espaço-temporais se jogará determinado jogo, e quem realizará, e como, a ação constitutiva do jogo. O mesmo acontece em razão da decisão criadora do direito.

A convenção poderá estabelecer, ainda, como as decisões deverão ser tomadas no futuro dentro da própria convenção, tornando-se necessário diferenciar as decisões que antecedem a convenção e que a ela dão lugar, produzindo-a, daquelas que têm de considerar a sua existência prévia.[215] Sendo assim:

> A decisão ôntica cria a convenção, a qual é na essência o estabelecimento dos elementos necessários para a tomada de decisões intrassistemáticas. Uma decisão é intrassistemática quando

213. VILANOVA, Lourival. *Escritos jurídicos e filosóficos* cit., p.361.

214. ROBLES, Gregorio. *As regras do direito e as regras dos jogos:* ensaio sobre a teoria analítica do direito cit., p. 29.

215. ROBLES, Gregorio. *As regras do direito e as regras dos jogos:* ensaio sobre a teoria analítica do direito cit., p. 30.

> afeta uma ação que tem lugar no espaço e tempo estabelecidos pela convenção e quando o sujeito, a competência deste e procedimento utilizado na ação correspondam ao estabelecido convencionalmente.[216]

Pela abordagem de Robles, são decisões extrassistêmicas aquelas que dão ensejo ao estabelecimento das regras do jogo. Habilitados a jogar, seus participantes deverão decidir conforme as convenções previamente adotadas e, deste momento em diante, suas decisões serão intrassistêmicas. O que pretendemos demonstrar se aproxima muito dessa ideia.

O direito é, como admitimos, um sistema que se estrutura e se organiza através de normas jurídicas. Partindo dessa convicção, (i) compreendendo que um sistema dependerá da relação de seus elementos articulados em razão das regras por ele estabelecidas, (ii) que o direito positivo se manifesta por meio de atos de fala de pessoas habilitadas e procedimentos convencionados e (iii) que só serão jurídicos os fatos eleitos como relevantes pelo próprio direito, transcritos em linguagem competente, apenas serão sistêmicos os atos de fala produzidos em consonância com as balizas estabelecidas pelo próprio sistema de direito positivo. Nesse sentido, ainda que a atividade interpretativa seja livre e um mesmo enunciado possa ensejar mais de uma interpretação, a decisão judicial deve caber na moldura das interpretações admissíveis pelo direito.

O ordenamento jurídico brasileiro é também um jogo, em que se outorgou competência para prolação de decisões ao Poder Judiciário e, especialmente ao STF para a guarda da sua regra fundamental: a Constituição Federal.

Discussões em matéria tributária levadas à Suprema Corte para controle de constitucionalidade destinam-se à verificação da adequação das normas ao texto

---

216. ROBLES, Gregorio. *As regras do direito e as regras dos jogos:* ensaio sobre a teoria analítica do direito cit., p. 31.

constitucional, ou seja, objetivam que o STF, exercendo a tarefa que lhe foi outorgada, diga se as regras que instituem a exigência de certa exação atendem, ou não, à moldura desenhada pela Lei Fundamental brasileira. Trata-se, portanto, de um debate entre jogadores do jogo do sistema do direito positivo, atentos aos procedimentos, à linguagem e às competências estabelecidas por este sistema.

Por isso, tendo em vista que as normas judiciárias produzidas pelo STF em julgamento com efeito vinculante afetam o ordenamento como um todo, para nós serão argumentos extrassistêmicos aqueles que contenham em suas motivações fatos puros, não jurídicos, pertencentes a outros sistemas. Isso, não porque defendemos que as decisões judiciais devam aplicar os enunciados prescritivos de forma literal desconsiderando o contexto do caso concreto e a evolução histórica da sociedade, nem a possibilidade de que o sistema de direito positivo sofra influências de outros sistemas, mas, nesta última hipótese, não compete ao STF legislar, inaugurando disciplinas constitucionais, nem o comando de outros jogos, como, por exemplo, o do sistema econômico nacional.

As regras do jogo limitam a atuação de seus participantes e determinam como o jogo deve ser conduzido. Não se joga xadrez usando as cartas de um baralho.

5.2 O consequencialismo na decisão judicial

Buscando reforçar os elementos que trouxemos até aqui, reputamos importante destacar a visão de José Maria Arruda de Andrade[217] no sentido de que o que se defende não é uma metodologia estilizada do século XIX, que defendia a integral fragmentação dos saberes, a interpretação e aplicação mecanicista das normas jurídicas. Por

217. ANDRADE, José Maria Arruda de. Consequencialismo e argumento de risco fiscal na modulação de efeitos em matéria tributária cit., p. 508-509.

isso Andrade introduz seus estudos a respeito do emprego dos argumentos consequencialistas em matéria tributária, como o que pretendemos fazer, no contexto dos autores insertos em um positivismo jurídico que entende o direito como um objeto sociocultural, reconhecendo as muitas influências em seu processo de concretização, mas para os quais as decisões jurídicas, porque devem ser fundamentadas, tem de fazê-lo assentadas em argumentos e fundamentos jurídicos que se baseiem no Estado Democrático de Direito, na Carta Magna e na legislação vigente, rejeitando a eleição prévia de valores a serem ponderados ou obedecidos ou de argumentos extrajurídicos.

A teoria consequencialista surge como uma corrente filosófica ligada ao conceito de utilitarismo. Tem como fundamento minimizar o mal e maximizar o bem, ou seja, a preocupação com o resultado e com as consequências possíveis que ele venha a gerar para que o bem seja propagado, partindo de um ponto de vista moral, servida por um forte viés idealista.[218]

O argumento consequencialista, portanto, no contexto da justificação da decisão judicial, caracterizar-se-á pelo esforço do magistrado na realização de prognóstico concernente às consequências produzidas por sua decisão para toda a sociedade e não apenas para as partes envolvidas no litígio, de maneira que a prolação da decisão tenha compatibilidade com o mundo social e, assim, seja eficaz.

Ao justificar uma decisão, como vimos, o magistrado trabalha no convencimento das partes e da sociedade a respeito da construção da teoria construída para a tomada de sua decisão, apresentando argumentos que possibilitem afirmar as conclusões resultantes das premissas em que se apoiou. Serão, do modo como vemos, jurídicos os

218. LIMA B. O consequencialismo e a argumentação Jurídica nas decisões dos tribunais brasileiros. *Revista de Direito Público*, Londrina, v. 15, n. 01, p. 137-152, 2020.

argumentos que demonstrem que a decisão prolatada está adequada ao conteúdo normativo que se relaciona ao caso concreto, limitadas pela juridicidade das regras contidas no ordenamento.

Roberto Codorniz Leite Pereira,[219] em artigo escrito para a *Revista Direito Tributário Atual*, aborda com profundidade e clareza o assunto, ensinando, ademais, que os argumentos consequencialistas dizem respeito a premissas que não são nem enunciados empíricos nem regras de direito positivo, razão pela qual estão contidas no domínio da justificação externa e, usando o argumento utilitarista como exemplo, demonstra ser esta uma prática que se justifica em função do bem comum proporcionado à sociedade, mas que não se refere à interpretação de uma regra de direito positivo, nem de enunciados empíricos, caracterizando-se, desse modo, como um o argumento que é externo ao sistema jurídico.

A respeito do assunto, Tathiane dos Santos Piscitelli propõe que:

> A incorporação de argumentos consequencialistas no discurso tributário mostra-se, nos dias de hoje, absolutamente adequada, na medida em que essa tomada de posição é capaz de resolver incongruências presentes nos julgados do Supremo Tribunal Federal [...]. Caso houvesse a explicitação da premissa de que uma decisão contrária à Previdência poderia deixá-la em situação financeira ainda mais dificultosa, os contribuintes poderiam contra-argumentar nesse sentido, e, eventualmente, produzir provas que indicassem a eventual improcedência das alegações da Fazenda. Tratar-se-ia, pois, de incorporar outros elementos atualmente relegados na prática tributária, por conta de sua rotulação como "argumentos não jurídicos" (destacamos).

---

219. PEREIRA, Roberto Codorniz Leite. O consequencialismo decisório e a sua importância para o direito tributário. *Revista Direito Tributário Atual*, São Paulo: IBDT, n. 38, p. 161, 2017.

Parece claro que a autora defende que, fazendo parte da justificação da decisão judicial, o acesso pelo contribuinte aos argumentos produzidos pelo órgão responsável pela decisão traria mais clareza e possibilitaria maior controle do que ficou decidido. Ocorre que, do modo como vemos, ainda que evidentemente a justificação seja instrumento de primeira importância no controle da produção da norma pelo Poder Judiciário, o argumento de ordem consequencialista que não esteja revestido pela linguagem própria do direito, isto é, que não seja jurídico, não pode servir como fundamento de um julgamento e isso não quer, nem de longe, significar o isolamento do direito tributário do direito financeiro ou da realidade social do país.

De outro lado, Luiz Fernando Schuartz[220] emprega uma noção ampla de consequencialismo ao afirmar que qualquer programa teórico que se proponha a condicionar, ou qualquer atitude que condicione explícita ou implicitamente a adequação jurídica de determinada decisão judicante à valoração das consequências associadas a ela e às suas alternativas e demonstra preocupação ao chamar atenção para o fato de que:

> Em particular, ao selecionar ou pretender fundamentar uma certa decisão a partir da análise das consequências produzidas por ela e pelas suas alternativas, o decisor abre um flanco para requerimentos de prestação de contas cujo atendimento estará sujeito a critérios científicos (extrajurídicos) de adequação. Isto porque qualquer juízo consequencialista contém uma dimensão descritiva, na qual deverá ser positivamente especificada, para cada alternativa de decisão disponível, a sua respectiva consequência; e tal especificação (e possivelmente, por extensão, também a decisão que nela se baseia) será objetivamente inadequada se puder ser mostrado que as consequências associadas às decisões em questão são diversas daquelas imaginadas pelo decisor. Em qualquer hipótese, é do decisor o dever argumentativo

---

220. SCHUARTZ, Luis Fernando. Consequencialismo jurídico, racionalidade decisória e malandragem. *Revista de Direito Administrativo – RDA*, n. 248, p. 130-131, maio/ago. 2008.

no sentido da validação *erga omnes* dos juízos de fato que relacionam causalmente decisões e consequências.

Para além das preocupações já expostas, o emprego de argumentos consequencialistas desafia também e em grande medida a jurisdição constitucional, já que a problemática desses argumentos reside na verificação de em qual medida as decisões judiciais podem ser justificadas por meio das suas consequências.[221]

Sendo assim, para Santos de Morais,[222] a aplicação desses argumentos no direito dependeria, primeiro, de uma previsão legal – seja *lato sensu*, como em textos legais que admitissem uma maior integração da autoridade, como as normas finalísticas, ou *stricto sensu* com previsão expressa e, segundo, no que se refere à dimensão normativa, seria indispensável que a autoridade responsável pelo julgamento empregasse metodologias suficientes para definir os critérios de adequação do juízo. Caso contrário, não se aplicando ambos os requisitos, a estrutura dual/racionalidade do argumento consequencialista estaria comprometida.

O argumento que leva em conta as consequências, portanto, imporia, no mínimo, que o magistrado se dedicasse a especificar a consequência determinante associada à decisão (e justificar por que as demais alternativas, que também se relacionam com a decisão, foram desconsideradas) e, ainda, valorar (com base em critérios prévios) a consequência determinante para a tomada de decisão.

Schuartz[223] preocupa-se, ainda, em advertir para o fato de que os precisos limites desse campo argumentativo não

221. MORAIS, Fausto Santos de. A nova LINDB e os problemas da argumentação consequencialista. *Revista Jurídica UNICURITIBA*, Curitiba, v. 04, n. 53, p. 497-523, 2018.

222. BARROS, Marco Antonio Loschiavo Leme de; RIZZARDI, Maíra Martinelli. O Supremo Tribunal Federal e a Argumentação Consequencialista. *Revista Direito e Justiça: reflexões sociojurídicas*, v. 15, n. 24, p. 101-122, 2015.

223. SCHUARTZ, Luis Fernando. Consequencialismo jurídico, racionalidade decisória e malandragem cit., p. 134-135

costumam ser perfeitamente visíveis no momento da tomada da decisão:

> Pelo contrário, é bastante inverossímil que a situação deixe-se descrever adequadamente como um problema de decisão sob condições de certeza, em que alternativas de decisão associam-se a consequências deterministicamente, ou mesmo, por modelos que incorporem o elemento de incerteza na forma de distribuições objetivas de probabilidade, como se as consequências em questão fossem estruturalmente equiparáveis a eventos cujas frequências relativas mantêm-se estáveis se os experimentos aleatórios que os produzem são repetidos um número suficientemente elevado de vezes.

Fato é que a tomada de decisão com fundamento em argumentos que se escoram em projeções revela um esforço valorativo do magistrado e abrindo as portas da discricionariedade e da antijuridicidade.

Nesse contexto, é importante a lição de Bianor Arruda[224] para quem a valoração e os valores estão na base de toda realidade humana, porque toda ela depende da atribuição de sentido à linguagem do mundo, atividade que exige sempre uma decisão:

> Em tais termos, a ideia de valoração e valor tem que ser tal que dê conta de revelar com qual sistema de referência trabalhou o juiz ou tribunal, para que assim seja possível compreender o raciocínio realizado na travessia da narrativa das partes para a narrativa considerada na sentença, bem como na travessia do "texto da norma" para a "norma jurídica", e assim seja possível examinar a validade, a constitucionalidade, a coerência, a uniformidade, a estabilidade e, enfim, toda e qualquer predicação que seja possível atribuir à decisão judicial, inclusive, a correção e a justiça.

Registrando o momento em que o discurso político invadiu o discurso jurídico no STF e, assim, as considerações sobre a conveniência, a oportunidade e as consequências

---

224. BEZERRA NETO, Bianor Arruda. *O que define um julgamento e quais são os limites do juiz?* cit., p. 355.

ganharam papel de destaque na tomada de decisão dos Ministros que compõem a Corte, Fábio Martins de Andrade[225] lembra a entrevista concedida pelo então Ministro Nelson Jobim ao jornal *Valor Econômico*.

Na ocasião, narra Andrade,[226] o entrevistador perguntou a Jobim se ele era defensor de maior segurança jurídica e desenvolvimento econômico do país e ainda se acreditava que o Judiciário deveria julgar de olho nas contas públicas. Em resposta, o Ministro explicou que havendo apenas uma interpretação possível, acabou a história, mas se existe um leque de interpretações e todas são justificáveis, então deve haver outro critério para decidir. E completou: "Você pode ter uma consequência no caso concreto eventualmente injusta, mas que no geral seja positiva. E é isso que eu chamo da responsabilidade do Judiciário das consequências de suas decisões".

Aqui, são de grande importância as considerações e críticas feitas por Celso Campilongo[227] à politização do direito e à judicialização da política. Para o autor, o juiz tido como juiz-político tem sua atividade caracterizada por altas taxas de independência e criatividade, sendo que as acusações mais usuais à politização da magistratura são pelo menos três, geralmente voltadas à atuação do magistrado, isto é, parcialidade, contestação à lei e intromissão em funções que não são suas quando age pretendendo substituir o político.

Nesse contexto, o juiz-político, a exemplo da resposta oferecida pelo ex-Ministro Nelson Jobim, é aquele que deixa de decidir com fundamento normativo para solucionar a questão

---

225. ANDRADE, Fábio Martins. O consequencialismo, a modulação temporal dos efeitos e o ativismo judicial nas decisões do Supremo Tribunal Federal e o Estado de Direito. *Revista Dialética de Direito Tributário*, n. 172, p. 34-35, jan. 2010.

226. ANDRADE, Fábio Martins. O consequencialismo, a modulação temporal dos efeitos e o ativismo judicial nas decisões do Supremo Tribunal Federal e o Estado de Direito cit., p. 34-35.

227. CAMPILONGO, Celso Fernandes. *Política, sistema jurídico e decisão judicial* cit., p. 57.

com fundamentos ideológicos, dando ao julgamento contornos arbitrários, afastando-se do constitucional princípio da estrita legalidade. Campilongo[228] lembra, ainda, ter razão Borré quando destaca que essa submissão à lei não implica observância mecânica da norma, "não existe, na hermenêutica jurídica contemporânea nem quem defenda a completa liberdade do juiz nem quem encare sua atuação como o resultado de uma irretorquível lógica de aplicação da lei."

Niklas Luhmann,[229] defensor de que a liberdade e, precisamente, a liberdade do juiz consiste em ter de obedecer apenas às leis, há muito esclarecia que a posição dos tribunais no sistema jurídico é determinada em especial pela distinção entre legislação e jurisprudência, sendo esta distinção a responsável por impedir que todas as questões jurídicas sejam decididas a partir de um ponto que poderia servir simultaneamente de ponto de interferência a interesses sociais. E completa:

> [...] a separação estrita de legislação e jurisprudência desde o séc. XIX cria a possibilidade de sujeitar um lado à vontade política e o outro à vontade privada; com isso ela cria, portanto, a possibilidade de operar com distintos acoplamentos estruturais do sistema jurídico ao sistema político, através das constituições, e ao sistema econômico, através da propriedade e do contrato. A separação de legislação e jurisprudência é então formulada paradoxalmente como não-separação, como "vinculação do Juiz à lei", e isso possibilita na prática a intervenção politicamente motivada na propriedade e no contrato. Mas tudo isso depende da manutenção da separação e, com isso, da canalização diferencial de influências externas. A desistência da manutenção da separação acarretaria o colapso do sistema jurídico e, consequentemente, também o colapso da diferenciação de política e economia.[230]

---

228. CAMPILONGO, Celso Fernandes. *Política, sistema jurídico e decisão judicial* cit., p. 58.

229. LUHMANN, Niklas. A posição dos tribunais no sistema jurídico. *Revista Ajuris*, Porto Alegre: Ajuris, n. 49, ano XVII, p. 149-150, jul. 1990.

230. LUHMANN, Niklas. A posição dos tribunais no sistema jurídico cit., p. 154-155.

Ainda de acordo com o sociólogo alemão, a distinção entre legislação e jurisprudência enseja outras distinções, entre elas a diferença entre direito e não direito, por um lado, e normas jurídico-positivas, de outro lado, "o pressuposto para que o próprio sistema jurídico se possa diferenciar do seu mundo circundante e para que ele possa, enquanto sistema operativamente fechado, reproduzir suas próprias operações através da rede operações próprias".

Entretanto, as decisões da Suprema Corte brasileira no âmbito do direito tributário têm adotado e normalizado a adoção de argumentos não jurídicos, colocando o jurisdicionado e a todos alcançados pelas decisões com repercussão geral, diante do perigoso campo da antijuridicidade, em que o fato puro domina o jurídico.

No Estado Democrático de Direito, os núcleos funcionais da segurança jurídica atuam por intermédio de funções de certeza, confiabilidade e estabilidade do sistema. Nesse contexto, a normalidade será sempre o pressuposto fundamental desse "estado de segurança" ou do "estado de confiança", pondera Heleno Taveira Torres,[231] para quem a estabilidade intrassistêmica depende de uma previsibilidade formal, controlada a partir da observância da hierarquia das normas ou das autoridades e daquelas relações de coordenação e subordinação entre competências, necessários à diferenciação sistêmica em relação aos demais sistemas do social e alerta: "Tudo isso corre o risco da ruína, na hipótese de se fazer prevalecer pretensões consequencialistas sobre as garantias de certeza da legalidade e de justiça dos princípios tributários".

O processo de construção da norma, a atividade que se revela no percurso gerador de sentido, certamente permite

231. TORRES, Heleno Taveira. Modulação de efeitos da decisão e o ativismo judicial. *Conjur – Consultor Jurídico*, 2012. Disponível em: https://l1nq.com/9AFFE. Acesso em: 24 set. 2021.

que o juiz hermeneuta pondere acerca desta ou daquela consequência antes de prolatar sua decisão, desde que sua construção encontre fundamento de validade no ordenamento e o magistrado esteja legalmente autorizado a construí-la, ou seja, desde que seja esta a tarefa que o sistema lhe outorgou e não do legislador.

5.3 Ativismo judicial e o papel do Judiciário na estabilidade da democracia

Qualquer tomada de decisão por parte de juízes e tribunais irá revelar alguma proatividade por parte de quem as tomou. É, ademais, inerente à atividade interpretativa que a construção normativa se dê por caminhos diferentes, ainda que diante da aplicação de dispositivos iguais.

Não esperamos que juízes e tribunais atuem como robôs calculadores de enunciados, carimbando soluções predeterminadas, como se cada caso não merecesse cuidadosa análise, com especial atenção às necessidades das partes e às provas. Ao contrário, aspiramos que a aplicação das disposições legais se dê inserta de acordo com o contexto e as exigências jurídicas do caso concreto. A pressa tem maltratado o direito, mas a usurpação dos limites impostos ao exercício da atividade jurisdicional tem se mostrado igualmente nociva.

Quando o STF atua fora dos limites estipulados pela Constituição Federal, tomando decisões com fundamento extrassistêmico, desrespeita as balizas normativas impostas pelo ordenamento, interfere na independência dos Poderes fixadas pelo federalismo e empreende como órgão político desequilibrando a importância do seu papel na democracia. Chamamos esse comportamento de ativismo.

5.3.1 Ativismo judicial e a adoção de argumentos não jurídicos

A expressão *ativismo judicial*, plurissignificativa, pode decorrer da ideia do exercício do poder de revisar, relacionando-se ao controle de constitucionalidade dos atos dos demais Poderes por parte do STF; ou como sinônimo de maior interferência do Judiciário (ou maior volume de demandas judiciais, o que, neste caso, configuraria muito mais a judicialização); como abertura à discricionariedade no ato decisório; como aumento da capacidade de gerenciamento processual do julgador, entre outras.[232]

Apesar de ser muito comum encontrarmos o ativismo judicial também associado à usurpação de competências, deixaremos de lado o emprego da expressão em casos como tais. Isso porque o tema da separação dos poderes é tratado com suficientes detalhes pela Carta Magna e com muitas expressões a ele atribuídas (invasão de competência, demarcação de competência etc.). Assim, deixaremos *ativismo judicial* para questões em que a intervenção do Poder Judiciário termina por enlanguescer a norma geral e abstrata.

Betina Treiger Grupenmacher,[233] lembra, ainda, que, além de vir sendo empregado com diferentes significados por diferentes autores, a concepção que vem sendo adotada de ativismo judicial em âmbito jurisprudencial é a de "necessária e permitida atuação do Poder Judiciário, em que este se substitui ao legislativo e cria Direito em hipóteses de lacuna normativa, concretizando valores consagrados na Constituição Federal ao interpretá-la".

---

232. TASSINARI, Clarissa. *Jurisdição e ativismo judicial:* limites da atuação do judiciário. Porto Alegre: Livraria do Advogado, 2013. p. 33.

233. GRUPENMACHER, Betina Treiger. Ativismo x garantismo judicial em matéria tributária – limites e possibilidades. *Revista Jurídica Luso Brasileira*, São Paulo: Martins Fontes, n. 04, ano 1, p. 126, 2015.

A esse respeito, Luís Roberto Barroso[234] sustenta que:

> A ideia de ativismo judicial está associada a uma participação mais ampla e intensa do Judiciário na concretização dos valores e fins constitucionais, com maior interferência no espaço de atuação dos outros dois Poderes. A postura ativista se manifesta por meio de diferentes condutas, que incluem: (i) a aplicação direta da Constituição a situações não expressamente contempladas em seu texto e independentemente de manifestação do legislador ordinário; (ii) a declaração de inconstitucionalidade de atos normativos emanados do legislador, com base em critérios menos rígidos que os de patente e ostensiva violação da Constituição; (iii) a imposição de condutas ou de abstenções ao Poder Público, notadamente em matéria de políticas públicas.

O que nos parece, respeitosamente, é que a participação ampla e intensa do Judiciário que tenha por finalidade a concretização dos valores fins previstos na Constituição Federal, ainda que, de alguma forma, interfiram, por meio do controle de constitucionalidade, na atuação dos demais poderes é tarefa que compete à Suprema Corte no exercício diligente de sua atividade. O que preocupa são as exceções e os excessos difíceis de controlar.

Toda norma jurídica – tida como aquela que resulta do esforço interpretativo – é, ao fim e ao cabo, implícita, daí a relevantíssima importância da argumentação e da fundamentação da decisão judicial reveladoras dos parâmetros legais empregados pelo julgador. No entanto, a construção de normas jurídicas, salvaguardadas por um ativismo não positivado, em "situações não expressamente contempladas em seu texto e independentemente de manifestação do legislador ordinário" ou "declaração de inconstitucionalidade de atos normativos emanados do legislador, com base em critérios menos rígidos que os de patente" parecem enviesar o argumento para o campo daqueles que estão fora do sistema.

---

234. BARROSO, Luis Roberto. Judicialização, ativismo judicial e legitimidade democrática. *Suffragium. Revista do Tribunal Regional Eleitoral do Ceará*, v. 5, n. 8, p. 14, 2009.

Um exemplo do primeiro cenário está nas reiteradas decisões prolatadas pelo STF, estendendo às multas a aplicação do princípio constitucional que veda o efeito de confisco, mesmo que a Constituição Federal apenas discipline, em seu art. 150 que, sem prejuízo de outras garantias asseguradas ao contribuinte, é vedado à União, aos Estados, ao Distrito Federal e aos Municípios a utilização do *tributo* com efeito de confisco (inciso IV). Em hipóteses como essa, Luís Eduardo Schoueri[235] explica que "o princípio da Proibição do Efeito de Confisco integra-se, pois, ao sistema político e econômico da Constituição, dada a garantia da propriedade, salvo desapropriação (art. 5º, XXII a XXIV)".

Há muito referido entendimento da Corte Maior de Justiça vem se fixando. Desde a Carta Constitucional anterior, onde também era proibida a utilização de tributos com efeito de confisco, já se firmava a interpretação no sentido de que a norma constitucional também compreendia a multa tributária. Cite-se, a título de exemplo, o RE 82.510/SP,[236] de que foi Relator o Min. Leitão de Abreu, reconhecendo como excessiva a multa que ultrapasse 100% do valor do imposto.

Para Henrique Mello,[237] em casos como o apresentado, primeiro o Tribunal enuncia a insuficiência de regramento jurídico para, em seguida, preencher o vazio legal que criou com um argumento baseado em uma conclusão retirada, con-

---

235. SCHOUERI, Luís Eduardo. *Direito tributário*. 9. ed. São Paulo: Saraiva, 2019. p. 363.

236. "MULTA FISCAL. PODE O JUDICIÁRIO, ATENDENDO ÀS CIRCUNSTÂNCIAS DO CASO CONCRETO, REDUZIR MULTA EXCESSIVA APLICADA PELO FISCO. PRECEDENTES DO STF. RECURSO NÃO CONHECIDO" (RE 82510, Relator(a): LEITÃO DE ABREU, Segunda Turma, julgado em 11.05.1976, *DJ* 06.08.1976 p. 6902 Ement v. 1028-02, p. 571, *RTJ* v. 78-02, p. 610). No mesmo sentido: ARE n. 938538 AgR e ADI 551/02.

237. MELLO, Henrique. Aportes realistas ao estudo das fontes do direito pelo Constructivismo Lógico-Semântico. *In:* CARVALHO, Paulo de Barros (Coord.); CARVALHO, Aurora Tomazini de (Org.). *Constructivismo lógico-semântico*. São Paulo: Noeses, 2020. v. III, 452.

vincentemente, de uma combinação de conteúdos normativos expressados e assunções doutrinárias.

Situação diversa, adverte Glauco Salomão Leite,[238] acontece quando a Corte não se apoia em parâmetros existentes na legislação, agindo com margem de liberdade bem mais ampla, o que transformaria o preenchimento do vazio normativo originário da decisão prolatada pelo STF em uma atividade mais próxima a de uma lei em sentido material, o que poderia suscitar críticas quanto à usurpação da função legislativa.

É o que ocorre, do modo como vemos e como pretendemos demonstrar com os exemplos que trabalharemos mais adiante, quando a Corte, assumindo papel que não é seu, decide com fundamento em argumentos extrassistêmicos, de caráter econômico, boa parte das vezes em nome do interesse público, mas, em verdade, socorrendo fontes orçamentárias.

Nesse contexto, concordamos com Elival Ramos[239] para quem a singularidade do ativismo judicial em matéria constitucional está diametralmente vinculada às peculiaridades que envolvem as atividades de interpretar e aplicar a Constituição Federal, entre as quais se destacam: (a) a supremacia hierárquica de suas normas; (b) o caráter nomogenético de boa parte dos seus preceitos, que se concretizam na estrutura de normas-princípios; (c) inexatidão semântica com que muitos termos foram empregados no texto constitucional, referindo-se, de forma recorrente, a conceitos indeterminados de caráter valorativo; (d) a fundamentalidade da maior parte das normas formalmente constitucionais; e (e) a posição de supremacia funcional dos órgãos judiciários com atuação como intérprete-aplicador da Carta Magna.

---

238. LEITE, Glauco Salomão. Inércia legislativa e ativismo judicial: a dinâmica da separação dos poderes na ordem constitucional brasileira. *Direito, Estado e Sociedade*, n. 45, p. 28, 2014.

239. RAMOS, Elival da Silva. *Ativismo judicial* cit.

Para Ramos,[240] ademais, se por meio de exercício ativista, se distorce, de algum modo, o sentido do dispositivo constitucional aplicado, seja por interpretação descolada dos limites textuais, por atribuição de efeitos com ele incompatíveis ou que devessem ser sopesados por outro poder, estará o órgão judiciário deformando a obra do próprio Poder Constituinte originário e perpetrando autêntica mutação inconstitucional.

Ao STF cabe a guarda da Constituição, é o que preceitua, aliás, seu art. 102. Não faria nenhum sentido, portanto, admitir que a Suprema Corte (ou que, nem mesmo ela) ultrapasse os limites dos comandos constitucionais.

A atribuição constitucional ao Poder Judiciário do controle de constitucionalidade das leis pressupõe algum grau de independência do juiz. Assim, conforme esclarece Celso Campilongo,[241] com o desenvolvimento das Cortes Constitucionais e os mecanismos de controle difuso e concentrado da constitucionalidade das leis,[242] a criatividade judicial

---

240. RAMOS, Elival da Silva. *Ativismo judicial* cit.

241. CAMPILONGO, Celso Fernandes. *Política, sistema jurídico e decisão judicial* cit., p. 55.

242. Glauco Salomão Leite lembra que, há mais de dois séculos, foi introduzido o controle de constitucionalidade no sistema político estadunidense, transformando-o na peça-chave dos debates constitucionais e que, ainda, em vários países da Europa e da América Latina, esta delicada competência da jurisdição constitucional só se tornou uma realidade concreta ao longo da segunda metade do século passado. Desde então, esclarece o autor, tem sido desenhado um esquema complexo de separação de poderes, em que se permite a um órgão supostamente neutro, munido de técnicas jurídicas sofisticadas e não legitimado diretamente pelas urnas, invalidar as opções políticas daqueles que foram eleitos para conduzir as instituições majoritárias (LEITE, Glauco Salomão. Inércia legislativa e ativismo judicial: a dinâmica da separação dos poderes na ordem constitucional brasileira cit., p.10). "No Brasil, o ápice do processo de redemocratização se deu em 1988 com a promulgação da Constituição Federal que apresentava em seu texto um numeroso rol de direitos e garantias aos cidadãos e que, textualmente, previa a possibilidade de revisão judicial dos atos dos demais Poderes, assumindo o Supremo Tribunal Federal a função de zelar pelo cumprimento da CF, momento a partir do qual começam os primeiros debates sobre ativismo judicial no país" (TASSINARI, Clarissa. *Jurisdição e ativismo judicial:* limites da atuação do judiciário cit., p. 23-24).

e a consequentemente função política assumida pelos juízes passam a ser um problema relevante, fazendo surgir, com toda a força, a tensão entre o Judiciário e os princípios democráticos.

5.3.1.1 O fomento da atividade econômica interna e a exigência do IPI na revenda de produto importado sem a necessidade de qualquer beneficiamento – RE 946.648/SC, Tema 906 da Repercussão Geral

Em sessão plenária virtual, realizada entre os dias 14 e 21 de agosto do ano de 2020, a Suprema Corte brasileira, por maioria, apreciando o Tema 906 da Repercussão Geral, fixou a seguinte tese: "É constitucional a incidência do Imposto sobre Produtos Industrializados – IPI no desembaraço aduaneiro de bem industrializado e na saída do estabelecimento importador para comercialização no mercado interno".[243]

Manifestaram-se nos autos como terceiras interessadas a Federação das Indústrias do Estado de São Paulo (Fiesp), a Confederação Nacional do Comércio de Bens, Serviços e Turismo (CNC), a Federação das Indústrias do Estado do Rio de Janeiro (Firjan) e a Associação Brasileira de Importadores e Exportadores de Alimentos e Bebidas (Abba).

A tese fixada pelo STF dá contorno constitucional à incidência IPI quando da revenda, no mercado interno, de bens importados e não submetidos a novo beneficiamento industrial.

A Carta da República, no entanto, outorgou, em seu art. 153, IV, competência para a União instituir IPI, sendo que o Código Tributário Nacional, estabelecendo normas gerais em matéria tributária, por meio do art. 46, indicou três tipos de ação capazes de ensejar a incidência do imposto: (i)

---

243. BRASIL, Supremo Tribunal Federal. Recurso Extraordinário 946.648. Relator: Marco Aurélio Mello. *DJE* 09.09.2020.

industrializar produtos, (ii) importar produtos industrializados e (iii) arrematar em leilões produtos industrializados (encontrando-se este último atualmente desativado), sendo o complemento "produtos industrializados", o núcleo comum obrigatório a todos.[244]

O legislador complementar, leciona Andréa Darzé,[245] positivou *rol taxativo* das hipóteses de incidência do IPI, além de ter definido, expressamente, o conceito de produto industrializado para fins de incidência do imposto no parágrafo único do art. 46 do CTN, disposição que foi replicada pela Lei n.4.502 de 1964, no parágrafo único de seu art. 3º. Por isso, defende a autora, como condição para a admissão da exigência do IPI, seria necessário que industrialização ocorresse na própria operação que envolve o produto, tendo o estabelecimento que dá saída a ele realizado uma das atividades que se ajustem ao conceito de industrialização, alterando sua natureza, finalidade, funcionamento, utilização, acabamento ou apresentação.[246]

Ademais, apesar da equiparação do importador a industrial de que trata o art. 51, II, do Código Tributário Nacional, a incidência do IPI na revenda de mercadorias sem que tenha havido industrialização parece não se justificar. Isso porque a equiparação se desfaz após o desembaraço aduaneiro da mercadoria importada, não sendo certo manter a equivalência para o comerciante-importador nas operações internas sem modificação, transformação, beneficiamento ou reacondicionamento do produto (a partir de

---

244. CARVALHO, Paulo de Barros. *Direito tributário:* linguagem e método cit., p. 710.

245. DARZÉ, Andréa Medrado. Da inconstitucionalidade da incidência do IPI na primeira saída. *In:* SOUZA, Priscila (org.); CARVALHO, Paulo de Barros (coord.). *30 anos da Constituição Federal e o sistema tributário brasileiro*. São Paulo: Noeses, 2018. p. 57.

246. DARZÉ, Andréa Medrado. Da inconstitucionalidade da incidência do IPI na primeira saída cit., p. 58-59.

então o importador é onerado e passa a receber tratamento desigual, não o contrário).

Para além do critério material fixado pela regra-matriz de incidência do IPI, a Constituição Federal é violada e do contribuinte passa a ser exigido tributo, apesar da afronta aos princípios da capacidade contributiva e da legalidade tributária.

Todavia, atenta ao importante papel que o IPI tem na política comercial do país, e aos elementos econômicos apresentados pelos terceiros interessados ouvidos antes da definição da matéria, a Suprema Corte, na oportunidade do julgamento do Tema 906 da Repercussão Geral, atuou para privilegiar a atividade econômica interna e a geração de empregos no Brasil. É o que se verifica nos trechos do voto do Ministro Alexandre de Moraes:

> Não se pode olvidar, ainda, que o IPI tem função eminentemente extrafiscal, e visa, dentre outros objetivos, ser instrumento indutor da atividade econômica e industrial do País. Em assim sendo, não caberia estender tratamento mais favorecido ao produto industrializado no exterior, tornando a carga tributária incidente sobre o bem importado inferior àquela que grava o bem nacional.
>
> [...]
>
> Atente-se que, no primeiro caso, ao submeter o produto importado a algum tipo de industrialização no Brasil, fomenta-se a atividade econômica interna e gera-se empregos; enquanto, na revenda da mercadoria que já foi importada pronta e acabada, sem a necessidade de qualquer beneficiamento, atende-se, quando muito, à demanda do mercado de consumo, sem dinamização da economia nacional.
>
> [...]
>
> Em síntese, seja porque o Código Tributário Nacional, como norma geral, está autorizado constitucionalmente a definir o fato gerador e o sujeito passivo da obrigação tributária, e, com relação ao IPI, o fez nos exatos limites traçados na Constituição Federal; ou, pelo fato de não se vislumbrar qualquer ferimento ao princípio da isonomia na equiparação do importador ao industrial para fins de incidência do IPI, em dois momentos, mesmo não havendo beneficiamento do produto importado, entendo que não assiste ao recorrente, razão pela qual deve ser mantido o acórdão recorrido.

O Ministro Ricardo Lewandowski, em sentido semelhante, assevera entender que o recurso do contribuinte não merece prosperar "em que pese a alegação de ocorrência de *bis in idem* ou mesmo de bitributação, com a confusão entre os fatos geradores do IPI e do ICMS".

Lewandowski, defendendo a equiparação entre o importador e o industrial, afirma, sem muita precisão, que, ao seu sentir, a equiparação legal colabora para que o produto importado "o qual ingressa no país desonerado, atinja custos e sobrecarga tributária equivalente àquela assumida pelo produtor nacional". Todavia, apesar de mencionar a "desoneração" do produto importado, lembra, em seguida, que o valor deste último, após a saída do estabelecimento importador "com pagamentos dos tributos de importação, custos aduaneiros e parcela do lucro do importador – estará mais próximo do valor de mercado do produto".

Os argumentos de Ricardo Lewandowski estão assim fundamentados:

> *O estudo trazido aos autos pela Fiesp corrobora o argumento,* indicando que o produto industrializado importado, mesmo após o desembaraço aduaneiro, é recebido pelo importador 33,7% mais barato que o similar fabricado no Brasil.
>
> De acordo com a entidade federativa, foi identificado o "Custo Brasil" – componente de custo de produção nacional –, composto por diversos fatores, dentre os quais o custo do capital de giro, da energia, matérias primas, de infraestrutura logística, burocracia, tributação de serviços e insumo.
>
> *O "Custo Brasil" representaria acréscimo de 33,7% no custo do produto fabricado no Brasil em relação ao importado*, o qual seria produzido com custos menores (grifamos).

Por esse caminho, o Tribunal amplia a RMIT do IPI fixando a noção de que a operação com produto industrializado é o parâmetro para a incidência do imposto, afastando a ideia da existência de imposição de uma demarcação constitucional direcionada ao legislador ordinário para eleger as hipóteses tributárias referentes à exação.

A esse respeito, o Ministro Relator Marco Aurélio de Mello demonstrava preocupação, afirmando haver necessidade de se buscar um "limite ao vocábulo 'operação', a partir de interpretação à luz da Constituição Federal, sob o risco de transmudar a natureza do IPI e invadir a competência dos Estados". Além do desvirtuamento do figurino constitucional, alertou o Relator, abre-se a possibilidade de "eventuais abusos por meio da proliferação de equiparações desvinculadas de qualquer correspondência com a produção industrial em si".

A atenção ao direito e aos limites impostos pelo sistema não encontram ressalvas nas partes envolvidas ou nos interesses setoriais, mesmo que a indústria nacional, neste caso, tenha interesses semelhantes aos defendidos pela Fazenda Pública, apresentando dados do chamado "Custo Brasil" justificador da manutenção da cobrança do tributo, apesar de sua inconstitucionalidade. Os dados apresentados pela Fiesp e levados em consideração para a formação do convencimento do Tribunal constante da argumentação do acórdão são fatos puros, não jurídicos, sem qualquer relação com o direito posto em discussão.

O fomento da economia nacional, a geração de empregos e a proteção do produto brasileiro em relação ao importado – se disparidades existirem – são questões cujas soluções são reservadas à competência dos demais Poderes da federação. A intervenção na economia pelo Poder Judiciário, por meio da tomada de decisões que distorcem o alcance de dispositivos constitucionais, deve encontrar freio nos princípios democráticos que regem o ordenamento jurídico nacional, ou, de outro modo, os afrontarão, ainda que seja em nome da proteção da indústria brasileira.

5.3.2 A função jurisdicional na estabilidade da democracia

Qualquer sociedade em que não esteja assegurada a garantia dos direitos nem estabelecida a separação dos poderes não tem Constituição, é o que preceitua o art. 16 da Declaração dos Direitos do Homem e do Cidadão de 1789.

A Constituição Federal brasileira, já no art. 1º, determina que o país será uma República Federativa, formada pela união indissolúvel dos Estados e Municípios e do Distrito Federal, constitui-se em Estado Democrático de Direito, que tem como fundamentos a soberania, a cidadania, a dignidade da pessoa humana, os valores sociais do trabalho e da livre iniciativa, o pluralismo político. Fixa, ainda, que todo o poder emanará do povo, que o exercerá por meio de representantes eleitos ou diretamente, nos termos do texto constitucional.

Os Poderes são, nesse sentido, constituídos pelo povo. Os detentores dos Poderes (legislatura e governo) são eleitos para mandatos transitórios, e os juízes são nomeados, exceto os do STF, no caso do Brasil, após concursos de provas e título.[247]

Sacha Calmon[248] ensina que "os Poderes Executivo e Legislativo, enquanto poderes eleitos, tendem para a defesa das maiorias em prejuízo das minorias. São Poderes partidários, que confrontam posições políticas minoritárias, às vezes vítimas de severo menoscabo". E conclui:

> Quer nos parecer que a República hoje depende muito mais de um Poder não eleito pelas maiorias, mas com jurisdição sobre elas e sobre os seus representantes eleitos, capaz de zelar pelos princípios, direitos e garantias constitucionais. Este Poder é o Judiciário, irredutível em seus vencimentos, vitalício e inamovível, capaz de declarar a lei inconstitucional e o ato administrativo ilegal em prol da pessoa humana e em defesa das minorias.

---

247. COÊLHO, Sacha Calmon Navarro. *Curso de direito tributário brasileiro* cit., p. 34.

248. COÊLHO, Sacha Calmon Navarro. *Curso de direito tributário brasileiro* cit., p. 35.

> A República democrática e a supremacia do Judiciário são hoje inseparáveis contra o ressurgimento da tirania da lei.

Nesse contexto, interessa verificar que, em que pese o Poder Judiciário ser um Poder não eleito, sua representatividade e ação democrática residem no seu fundamental papel de defesa e guarda do Estado de Direito. Assim, se os enunciados normativos são editados por poderes eleitos, será a atividade jurisdicional a única capaz de garantir sua adequada execução e a manutenção da soberania popular.

Fernando Aurelio Zilveti,[249] a respeito do tema, leciona:

> A autonomia e independência dos poderes são princípios constitucionais que têm como fundamento basilar o respeito ao princípio da legalidade, que representa a vontade geral, a expressão da razão humana na vida da sociedade. Isso poderia de certa forma sugerir um predomínio do legislativo sobre os demais poderes, não fosse o fato da execução e da interpretação das normas estarem nas mãos dos outros dois poderes. A interdependência entre os poderes para a execução plena de suas atribuições constitucionais, somada à fiscalização que uns exercem sobre os demais, equilibra, em tese, as forças entre os poderes.

O que se pretende demonstrar é que o processo nomogenético que ocorre com a prolação de decisões judiciais só será democrático, capaz de representar a vontade popular, respeitando sua soberania, se os limites fixados pelo sistema forem observados, sem que excessos ou exceções sejam autorizados, isto é, sem que o próprio Poder Judiciário – a quem é dado guardar a Constituição – crie regras não positivadas, capazes de alargar os limites semânticos do texto constitucional.

Um dos fundamentos do controle de constitucionalidade, ademais, é a proteção dos direitos fundamentais, inclusive e sobretudo os das minorias, em face das maiorias

---

249. ZILVETI, Fernando Aurelio. *Princípios de direito tributário e a capacidade contributiva*. São Paulo: Quartier Latin, 2004. p. 88.

parlamentares eventuais. Seu pressuposto é a existência de valores materiais compartilhados pela sociedade que devem ser resguardados das imposições exclusivamente políticas.[250]

Sob o enfoque do controle concentrado, se a Constituição dos Estados, leis estaduais e municipais, bem como atos normativos estaduais e municipais malferirem a Constituição Federal, a competência para resolver a questão é do STF, de acordo com o que preceitua o art. 102 da Carta Magna. Por outro lado, conforme disciplina do art. 125 também da Carta Maior, caso os atos normativos do Estado e de seus Municípios ofendam a Constituição Estadual, mesmo que a afronta seja a uma norma de reprodução obrigatória da Constituição Federal, devem dirimir o conflito os respectivos Tribunais de Justiça.[251]

O exercício da atividade jurisdicional no que se refere ao controle de constitucionalidade difuso se dá tanto pela atividade dos juízes singulares, quanto pela atuação dos órgãos colegiados, sendo que, quanto aos colegiados o art. 97 da Constituição exige a chamada cláusula de reserva de plenário, disciplinando que "somente pelo voto da maioria absoluta de seus membros ou dos membros do respectivo órgão especial poderão os tribunais declarar a inconstitucionalidade de lei ou ato normativo do Poder Público".

Seja como for, a norma jurídica que resulta da aplicação do direito positivado será sempre construída pelo intérprete no decorrer do processo de concretização do direito,[252] isto é, a legalidade e o Estado de Direito protegidos pelo Poder Judiciário serão resultado da construção interpretativa, quer nas hipóteses em que o julgamento verse di-

---

250. BARROSO, Luis Roberto. *Controle de constitucionalidade no direito brasileiro*. 2. ed. Rio de Janeiro: Saraiva, 2006.

251. GRAU, Eros Roberto. *Ensaio e discurso sobre interpretação/aplicação do direito* cit., p. 64.

252. CAPPELLETI, Mauro. *Juízes legisladores?* cit., p. 100.

retamente sobre a legalidade ou inconstitucionalidade das leis, quer naquelas em que se busca a solução de conflitos entre partes que objetivem a tutela de direito violado em caso concreto.

A ausência de partido do Poder Judiciário é elemento indissociável da imparcialidade inerente à função de salvaguardar a Constituição Federal, de modo que a atividade nomogenética exercida por este Poder não eleito diretamente pelo povo parece estar escorada em dois pilares fundamentais da democracia: a defesa do Estado de Direito e da soberania da Constituição.

A prolação de normas jurídicas baseadas em elemen tos extrassistêmicos coloca o Poder Judiciário, e especialmente o STF, em posição que não é sua no quadro constitucional, desequilibrando o Estado Democrático por deixar desprotegida e vulnerável a Constituição Federal e, consequentemente, todo o ordenamento jurídico nacional.

A democracia brasileira e sua estabilidade dependem, portanto, do equilíbrio e da independência na relação entre os Poderes. O controle de constitucionalidade outorgado pela Constituição Federal ao Poder Judiciário não o coloca em condição de superioridade em relação ao Executivo ou ao Legislativo – a tarefa, afinal, é guarda das normas constitucionais – e não lhe entrega função política. A manutenção do Estado Democrático submete, igualmente, os três Poderes aos comandos da Carta da República.

5.4 Argumento econômico como fundamento da decisão judicial em matéria tributária

O primeiro grande movimento de *Law and Economics* aconteceu nos Estados Unidos no início de 1880, partindo, todavia, de premissas distintas das que se verificam no movimento atual, de acordo com o que leciona José Maria

Arruda de Andrade.[253] Segundo o autor, ao contrário do que ocorre agora, os economistas daquele movimento estavam interessados na relação entre o direito e a distribuição de riqueza na sociedade americana e com alguma desconfiança de que o bem-estar pudesse ser alcançado simplesmente a partir dos mercados e até mesmo da *common law*.[254]

Andrade esclarece, ainda, que o atual *Law and Economics* resulta do trabalho de um grupo de economistas e juristas que se ocuparam de técnicas econômicas neoclássicas para estudar assuntos jurídicos diretamente relacionados com a economia (direito concorrencial, regulatório, comercial) ou indiretamente (responsabilidade civil, contratos, direito de família, direito processual, constitucional e outros tantos). Por esta ótica, a interpretação do direito deveria buscar a eficiência econômica típica dos neoclássicos, ainda que isso, metodologicamente, esteja em colisão com as características tipicamente valorativas do direito. Trata-se, nesse sentido, de teoria normativa, preocupada em afirmar como deve ser a aplicação do direito, caracterizada pelo consequencialismo em sentido forte.[255]

A problemática das consequências econômicas esbarra, como vimos tentando demonstrar, na ausência de positivação e de critérios estabelecidos pelo sistema. Não há representatividade nas tomadas de decisão fundamentadas em argumentos econômicos. Se ao Poder Judiciário é facultado julgar com fundamento no que não está positivado no ordenamento, lhe é então facultado que, discricionariamente, eleja suas predileções e tome partido.

---

253. ANDRADE, José Maria Arruda de. Interpretação e aplicação da lei tributária: da consideração econômica da norma tributária à análise econômica do direito. *In:* MACHADO, Hugo de Brito (coord.). *Interpretação e aplicação da lei tributária*. São Paulo: Dialética; Fortaleza: Instituto Cearense de Estudos Tributários – ICET, 2010. p. 199.

254. ANDRADE, José Maria Arruda de. Interpretação e aplicação da lei tributária: da consideração econômica da norma tributária à análise econômica do direito cit., p. 200.

255. ANDRADE, José Maria Arruda de. Interpretação e aplicação da lei tributária: da consideração econômica da norma tributária à análise econômica do direito cit., p. 201.

Se é verdade que o ordenamento jurídico é definido através da soberania, é também verdade que a soberania em determinada sociedade se define através do ordenamento jurídico, defende Norberto Bobbio,[256] para quem, o poder soberano e ordenamento jurídico são dois conceitos que se referem.

Ocorre que é crescente no Brasil a tomada de decisões pelo STF com fundamento na Análise Econômica do Direito (AED).[257]

Tais argumentos se se desenvolvem com fundamento na preocupação de que o sistema de política econômica como um todo, incluindo o sistema tributário, devem ser subordinados à finalidade de assegurar a fruição empírica de direitos subjetivos, especialmente os direitos fundamentais e direitos humanos, por parte de seus titulares, sejam eles indivíduos ou grupos sociais. Nesse contexto, o jurista deve estar comprometido não com as "profundezas" dos "institutos", ou com a defesa de um suposto e abstrato "sistema" de normas rigidamente hierarquizadas, mas com a pesquisa dos efeitos concretos das políticas públicas, leciona Marcus Faro de Castro.[258] "Trata-se da exigência de que o direito tributário não seja entendido como um conjunto de normas e doutrinas jurídicas sobre a tributação, mas sim seja definido como um campo debruçado sobre a política tributária", esclarece o autor.[259]

---

256. BOBBIO, Norberto. *Teoria do ordenamento jurídico* cit., p. 25-26.

257. Em 4 de janeiro de 2021, o jornal *Valor Econômico* publicou matéria noticiando o crescente uso pelo Supremo do argumento consequencialista com fundamento na Análise Econômica do Direito, teoria que tem como adepto o então presidente do STF, Ministro Luiz Fux (Disponível em: https://valor.globo.com/politica/noticia/2021/01/04/cresce-uso-do-consequencialismo-no-supremo.ghtml. Acesso em: 17 out. 2021).

258. CASTRO. Marcus Faro de. Direito, tributação e economia no Brasil: aportes da análise jurídica da política econômica. *Revista da PGFN*, Brasília, ano I, n. 2, p. 38, 2011.

259. CASTRO. Marcus Faro de. Direito, tributação e economia no Brasil: aportes da análise jurídica da política econômica cit., p. 38.

Defensor do pragmatismo jurídico, o norte-americano Richard Allen Posner,[260] é, atualmente, referência da *Law and Economics*. Para Posner, fatores políticos e, às vezes, a visão social são decisivos em julgamentos de casos difíceis e, em suas palavras:

> A questão pode ser colocada de modo mais forte: as consequências nunca são irrelevantes em direito. Se forem suficientemente graves, podem fazer oscilar uma decisão, seja qual for o equilíbrio dos argumentos jurídicos convencionais [...]. Mas como, exatamente, são decisivas as consequências ou as diretrizes políticas? Se duas visões sociais entram em choque, qual delas prevalece? De modo equivalente, como um juiz faz sua escolha entre duas visões sociais antagônicas? Frequentemente, a escolha será feita com base em valores pessoais profundamente arraigados, e quase sempre esses valores serão refratários à argumentação. A persuasão vai estar presente em alguns casos, mas vai tratar-se de persuasão através de retórica, e não das modalidades mais moderadas de exposição motivada. [...][261]

---

260. Charles Sanders Peirce, George Herbert Mead, John Dewey e William James, foram expoentes do pragmatismo filosófico originados nos Estados Unidos no final do século XIX.
De acordo com William James a corrente pragmático-filosófica pretende "afastar-se da abstração e da insuficiência, das soluções verbais, das más razões a priori dos princípios firmados, dos sistemas fechados, com pretensões ao absoluto e às origens. Volta-se para o concreto e o adequado, para os fatos, a ação e o poder. O que significa o reinado do temperamento empírico e o descrédito sem rebuços do temperamento racionalista. O que significa ar livre e possibilidades da natureza, em contraposição ao dogma, à artificialidade e à pretensão de finalidade na verdade" (JAMES, William. *Pragmatismo*. São Paulo: Martins Claret, 2005. p. 47.)
Para Richard Posner, o pragmatismo ortodoxo teve pouco a contribuir para o direito em nível operacional, se tornando em parte de filosofia técnica, na qual juízes e advogados em exercício têm interesse. O pragmatismo ortodoxo, em sua opinião, "não está completamente não relacionado com o que os juízes fazem, porque as questões filosóficas de que tratam eventualmente acabam em processo judicial. E para os poucos juízes que têm algum conhecimento de filosofia, o pragmatismo ortodoxo pode minar qualquer crença que possam ter, retirada de suas leituras filosóficas, de que o direito tenha uma estrutura lógica autônoma que proporcionaria segurança nas decisões judiciais, a serem determinadas com certeza, sem ter que se misturar com questões empíricas" (POSNER, Richard A. *Direito pragmatismo e democracia*. Rio de Janeiro: Forense, 2010. p. 32).
Foram expoentes do pragmatismo jurídico, antes mesmo de Posner, Oliver Wendell Holmes Jr. e Stephen Breyer.

261. POSNER, Richard A. *Problemas de filosofia do direito*. Tradução Jefferson Luiz Camargo. São Paulo: Martins Fontes, 2007. p. 199 e 200.

O jurista, no entanto, apesar de antagônicas as posições havidas entre o pragmatismo e o legalismo, não desaprova radicalmente esta última ideia. Para o autor, muitas das cabeças mais brilhantes da profissão são formalistas e o estilo formalista vem ressurgindo na Suprema Corte norte-americana, assim como nos tribunais federais inferiores, todavia, ressalva, que em casos complicados, incapazes de fundamentar a decisão ou na lógica ou na ciência, "os juízes são forçados a recuar para o saco de surpresas dos métodos informais de raciocínio que chamo de 'razão prática'".[262]

Richard Posner chama atenção, ademais, para o fato de que a justificação das decisões judiciais que tomam por base um direito funcional, em que o processo interpretativo foge à lógica, é frequentemente impossível:

> [...] em parte porque muitos métodos de razão prática são desarticulados (por exemplo, o conhecimento tácito), em parte porque o "prejulgamento" em si, no sentido de resistência aos argumentos racionais que contradizem antecedentes fortes, é racional, em parte porque há pouco *feedback* no processo jurídico (isto é, as consequências da decisão judicial são em grande parte desconhecidas), a justificação (a exemplo do que ocorre na investigação científica) das decisões jurídicas – a demonstração de que uma decisão é correta – é frequentemente impossível.

A respeito da obra de Posner, é preciso considerar que a teoria por ele elaborada está absolutamente vinculada à realidade do *common law* e às instituições, à democracia e ao sistema legal e jurídico norte-americano, sem qualquer pretensão de se aplicar em outras partes do globo ou quaisquer arcabouços institucionais, democráticos e jurídicos diversos.[263]

---

262. POSNER, Richard A. *Problemas de filosofia do direito* cit., p. 608-609.

263. ANDRADE, Fábio Martins. *Modulação em matéria tributária:* o argumento pragmático ou consequencialista de cunho econômico e as decisões do STF. São Paulo: Quartier Latin, 2011. p. 79.

Além da evidente preocupação com a importação (e precipitada aplicação) de uma teoria pensada e desenvolvida para uma realidade absolutamente distinta da brasileira, preocupam também a ausência de apontamento de critérios a que deveria estar sujeito o juiz ao interferir em políticas públicas e impossibilidade de fundamentação das decisões tomadas com suporte na análise econômica do direito – realidade que inviabilizará, sem dúvida alguma, o controle e até mesmo a defesa dos abusos originários desses julgamentos.

Lenio Streck,[264] nesse sentido, questiona a razão pela qual, após uma intensa luta pela democracia e pelos direitos fundamentais e pela inclusão das conquistas civilizatórias nos textos legais-constitucionais, deve(ría)mos continuar a delegar ao juiz a apreciação discricionária nos casos de regras (textos legais) que contenham vaguezas e ambiguidades e nas hipóteses dos assim denominados *hard cases*.

Para Ronald Dowrkin,[265] programas que sustentam que princípios de legalidade e igualdade podem ser revistos de tempos em tempos à luz do que parece ser a visão moral recente da Suprema Corte, pressupõem que em uma democracia todas as questões não resolvidas, inclusive aquelas relativas a princípios morais e políticos, devem ser resolvidas por instituições que sejam politicamente responsabilizáveis de um modo que os tribunais não são. Dowrkin fundamenta seu raciocínio em dois importantes argumentos:

> No primeiro caso, podemos afirmar que a deferência judicial é exigida porque na verdade instituições democráticas, como poderes legislativos, tendem a tomar decisões mais bem fundadas que os tribunais quando se trata dos problemas subjacentes que os casos constitucionais colocam, ou seja, relativos à natureza dos direitos morais do indivíduo contra o Estado.

---

264. STRECK, Lenio Luiz. *O que é isto* – decido conforme minha consciência? 2. ed. Porto Alegre: Livraria do Advogado, 2010. p. 58.

265. DWORKIN, Ronald. *Levando os direitos a sério.* Tradução Nelson Boeira. São Paulo: Martins Fontes, 2002. p. 215-221.

> No segundo caso, podemos afirmar que, por alguma razão, é mais justo que uma instituição democrática, e não um tribunal, decida essas questões, ainda que nada nos leve a crer que a instituição possa tomar uma decisão mais bem fundada.
>
> [...]
>
> Começarei pelo segundo argumento, o de que os legislativos e outras instituições democráticas estão especialmente habilitadas a tomar decisões constitucionais, independentemente de sua capacidade de tomar melhores decisões. Podemos afirmar que a natureza dessa prerrogativa é óbvia, porque é sempre mais justo permitir que uma maioria, e não uma minoria, decida um problema qualquer. Tal postura, contudo, como tem sido frequentemente sublinhado, ignora o fato de que as decisões a respeito dos direitos contra a maioria não são questões que devam, por razões de equidade, ser deixadas a cargo da maioria. O constitucionalismo – a teoria segundo a qual os poderes da maioria devem ser limitados para que se protejam os direitos individuais – pode ser uma teoria política boa ou má, mas foi adotada pelos Estados Unidos, e não parece justo ou coerente permitir que a maioria julgue em causa própria. Dessa forma, os princípios de justiça parecem posicionar-se contra o argumento derivado da democracia, e não a seu favor.[266]

A democracia brasileira, nos moldes previstos na Constituição Federal, é representativa. As regras lá fixadas são, assim, a identidade da maioria e não podem ser reduzidas à valoração, ainda que bem-intencionada, pelo filtro singular do Poder Judiciário.

Ademais, processo judicial e processo legislativo, cada um dedicado à realização de suas funções típicas, se realizam em tempos e de modos completamente diferentes. É certo que o legislador deve buscar respostas relativamente rápidas e eficazes aos problemas vivenciados, em se se deve necessariamente considerar as consequências jurídicas, sociais e econômicas do ato normativo, sob pena de incorrer, desde o início, em alguma inexatidão. Nesse sentido, o processo legislativo é antecedido pela aprovação do

---

266. DWORKIN, Ronald. *Levando os direitos a sério* cit., p. 222-223.

projeto de ato normativo, com aprovação do órgão competente para sua apreciação e votação, o que é viabilizado no âmbito interno dos Poderes Executivo e Legislativo pelos diferentes órgãos e comissões que se dedicam à coleta de tais informações e dados. Quando se trata da aprovação de lei, de certa maneira, há a tentativa de reproduzir a discussão que ocorreria na sociedade civil organizada.[267]

De outro lado, as particularidades do processo judicial não permitem o acesso aos mesmos dados, nem, por óbvio, ao mesmo debate. A esse respeito, Fábio Martins Andrade[268] ensina que no que se refere ao modelo difuso de controle de constitucionalidade a limitação é evidente, tendo em vista que o magistrado deve permanecer adstrito aos argumentos apresentados pelas partes em litígio, notadamente de cunho jurídico. Todos os argumentos apresentados nos autos devem ser provados, sob pena de que o magistrado os desconsidere. Assim, em princípio, o julgamento deve se limitar aos argumentos expostos pelas partes no caso posto para julgamento e aquelas que o juiz pode (e deve) conhecer *ex officio*. Quanto ao modelo concentrado de controle de constitucionalidade, a limitação evidencia-se pelo parâmetro que deverá nortear o julgamento, ou seja, a Constituição.

Ao Poder Judiciário foi entregue a proteção do Estado Democrático de Direito, composto por uma ordem que expressa os desejos e os valores tutelados pela sociedade brasileira e que lhe garantem estabilidade social, de maneira que, a defesa da aplicação do direito, ainda que se considere sua carga construtiva e decisória, deve ter como fundamento o direito positivado, para que as decisões políticas

267. ANDRADE, Fábio Martins. *Modulação em matéria tributária:* o argumento pragmático ou consequencialista de cunho econômico e as decisões do STF cit., p. 132.

268. ANDRADE, Fábio Martins. *Modulação em matéria tributária:* o argumento pragmático ou consequencialista de cunho econômico e as decisões do STF cit., p. 133.

e morais sejam feitas pelo Poder Legislativo e não pelos juízes.[269]

É preciso estar atendo às distorções que qualificam fatos econômicos como *fato econômico de relevância jurídica* e, ainda, da sua completa diferença com *fatos jurídicos de conteúdo econômico*, uma vez que desvirtuamentos dessa categoria podem levar à conclusão de que o direito tenha que tomar emprestado o fato econômico para cumprir com suas funções prescritivas de conduta.[270] Não se nega que alguns fatos econômicos, em determinadas situações, repercutem no direito, mas para que eles possam servir como fundamentos para a decisão judicial é preciso que estejam tipificados, isto é, tenham sido juridicizados pelo direito, tornando-se, assim, fatos jurídicos.

Nas decisões prolatadas pela Suprema Corte brasileira no contexto do direito tributário, o que se verifica constantemente é a adaptação de definições de conceitos e a flexibilização de regras constitucionais, na maior parte das vezes (senão em todas elas), para o acolhimento do argumento de cunho econômico de que a extirpação de determinado tributo impactaria as contas públicas.

Como vimos, (i) o acolhimento de fundamentos extrassistêmicos distorce a construção da norma jurídica produzida pelo Poder Judiciário que, desamparada de fundamento de validade, introduz no sistema normas que seriam anuláveis, caso o ordenamento oferecesse mecanismos para o controle de constitucionalidade de decisões como as originárias do Pleno do STF em repercussão geral; (ii) além de extrapolar sua função típica, o Poder Judiciário não tem os

---

269. ANDRADE, José Maria Arruda de. Consequencialismo e argumento de risco fiscal na modulação de efeitos em matéria tributária cit., p. 506-523.

270. CARVALHO, Paulo de Barros. O absurdo da interpretação econômica do "fato gerador" – Direito e sua autonomia – O paradoxo da interdisciplinariedade cit., p. 451-452.

instrumentos necessários para a busca de dados suficientes para afirmar, com segurança, se está ou não atendendo ao interesse público quando, ao colocar de lado a aplicação das regras positivadas na Constituição Federal, ou ao flexibilizá-las, para admitir como constitucionais tributos que claramente não são, dobrando-se ao apelo da Fazenda Pública acerca das consequências que um julgamento desfavorável ao fisco poderia lhe causar.[271]

Parece simples compreender ser instrumentalmente possível que as Fazendas Públicas calculem eventuais prejuízos originários da extirpação de tributos julgados inconstitucionais e apresentem ao Poder Judiciário quanto deixariam de arrecadar e quanto teriam que despender para restituir tributos pagos indevidamente.

Por outro lado, para a promoção de uma análise econômica do direito que seja minimante isonômica, já que sabidamente as decisões dela provenientes ensejam grande impacto social, seria indispensável a verificação de um cálculo que, no entanto, é praticamente impossível: o do contribuinte. Daquele envolvido no recurso extraordinário a que se refere o caso eleito para repercussão geral? Não. Todo o contribuinte impactado pela decisão. Quanto dinheiro o contribuinte brasileiro despendeu com o pagamento de um tributo inconstitucional? Quanto deixou de investir no seu negócio, pequeno ou grande, para arcar com a já penosa carga tributária? Contratou funcionários? Demitiu? Tornou-se devedor?

A prova cabal de que a falência atingiria o contribuinte diante de um julgamento desfavorável não lhe socorreria. Nem deveria socorrer se o direito tivesse de ser violado para tanto.

---

271. ANDRADE, Fábio Martins. *Modulação em matéria tributária:* o argumento pragmático ou consequencialista de cunho econômico e as decisões do STF cit., p. 133.

No final da confusa mistura de papéis, em que a Constituição Federal fica exposta e desprotegida, quem arca com as consequências é o próprio e empobrecido Estado que depende do investimento e da prosperidade de um povo que, pagando o que não deve, não cresce.

4.1.3 O interesse Fazendário por trás do escudo da supremacia do interesse público

A prolação de decisões judiciais com fundamento em argumento econômico em matéria tributária tem, em geral, justificativa nas preocupações com o sistema político-econômico e na fruição dos direitos subjetivos, em especial os direitos fundamentais. Tais julgamentos se escoram em dados apresentados pela Fazenda Pública sobre os impactos que a eliminação do tributo causada pelo julgamento de sua inconstitucionalidade poderia causar aos cofres públicos – fatos, já sabemos, que não se relacionam com o direito posto em litígio. Escudam-se por de trás do distorcido entendimento acerca do primado do interesse público.

O termo *interesse público* está presente em doze dispositivos da Constituição Federal, como, por exemplo, no inciso IX do art. 37,[272] no § 1º do art. 66,[273] na importantíssima

272. "Art. 37. A administração pública direta e indireta de qualquer dos Poderes da União, dos Estados, do Distrito Federal e dos Municípios obedecerá aos princípios de legalidade, impessoalidade, moralidade, publicidade e eficiência e, também, ao seguinte:
[...]
IX – a lei estabelecerá os casos de contratação por tempo determinado para atender a necessidade temporária de excepcional interesse público; [...]".

273. "Art. 66. A Casa na qual tenha sido concluída a votação enviará o projeto de lei ao Presidente da República, que, aquiescendo, o sancionará.
§ 1º Se o Presidente da República considerar o projeto, no todo ou em parte, inconstitucional ou contrário ao interesse público, vetá-lo-á total ou parcialmente, no prazo de quinze dias úteis, contados da data do recebimento, e comunicará, dentro de quarenta e oito horas, ao Presidente do Senado Federal os motivos do veto".

disposição do inciso IX do art. 93[274] e do § 3º do art. 114.[275] E ainda que distribuído em uma pluralidade de enunciados destinados a regular condutas distintas, não é difícil supor o que pretendeu preservar o texto constitucional da República Federativa brasileira, constituída em Estado Democrático de Direito, em que todo o poder emana do povo, que o exerce por meio de representantes eleitos ou diretamente, nos termos da Carta Magna.

Celso Antônio Bandeira de Mello[276] ensina que a supremacia do interesse público proclama a superioridade do interesse da coletividade, firmando a prevalência dele sobre o do particular, como condição, até mesmo, da sobrevivência e asseguramento deste último, funcionando, como pressuposto de uma ordem social estável, em que todos e cada um possam sentir-se garantidos e resguardados.

Bandeira de Mello[277] faz relevantíssima distinção, em especial para o que pretendemos demonstrar, entre interesses primários e secundários do Estado, justamente para evitar o perigoso equívoco de supor que o interesse público é o interesse do Estado ou da entidade que o representa. Nesse sentido ensina que, tendo sido reconhecido que os

---

274. "Art. 93. Lei complementar, de iniciativa do Supremo Tribunal Federal, disporá sobre o Estatuto da Magistratura, observados os seguintes princípios:
[...]
IX – todos os julgamentos dos órgãos do Poder Judiciário serão públicos, e fundamentadas todas as decisões, sob pena de nulidade, podendo a lei limitar a presença, em determinados atos, às próprias partes e a seus advogados, ou somente a estes, em casos nos quais a preservação do direito à intimidade do interessado no sigilo não prejudique o interesse público à informação; [...]".

275. "Art. 114. Compete à Justiça do Trabalho processar e julgar:
[...]
§ 3º Em caso de greve em atividade essencial, com possibilidade de lesão do interesse público, o Ministério Público do Trabalho poderá ajuizar dissídio coletivo, competindo à Justiça do Trabalho decidir o conflito".

276. BANDEIRA DE MELLO, Celso Antônio. *Curso de direito administrativo*. 27. ed. São Paulo: Malheiros, 2010. p. 69.

277. BANDEIRA DE MELLO, Celso Antônio. *Curso de direito administrativo* cit., p. 65.

interesses públicos correspondem à dimensão pública dos interesses individuais, ou, em outras palavras, que os interesses públicos são os interesses individuais de uma sociedade *entificada juridicamente pelo Estado*, evidencia-se a circunstância de que não existe coincidência necessária entre interesse público e interesse do Estado e demais pessoas de Direito Público.

Assim, o Estado, além de representar subjetivamente os interesses sociais, será também ele, pessoa jurídica que convive e existe no universo jurídico com os demais sujeitos de direito. No entanto, concebido que é para a realização de interesses públicos – situação inteiramente diversa da dos particulares – apenas terá autorização para defender seus interesses particulares quando estes, além de não confrontarem com os interesses públicos propriamente ditos, coincidam com a realização deles. Desse modo, "os interesses secundários do Estado só podem ser buscados quando coincidentes com os interesses primários".[278]

Do ponto de vista jurídico, conclui com mestria Bandeira de Mello,[279] será de interesse público a solução que haja sido adotada pela Constituição ou pelas leis quando editadas em consonância com as diretrizes da Lei Maior, de maneira que as prerrogativas inerentes à supremacia do interesse público sobre o interesse privado só podem ser legitimamente manejadas para o alcance do interesse público; não para satisfazer apenas os interesses ou conveniências tão só do aparelho estatal, e muito menos dos agentes governamentais.

Os interesses que a Fazenda Pública busca tutelar ao apresentar cálculos que demonstrem eventuais resultados negativos aos cofres públicos em casos de julgamentos

278. BANDEIRA DE MELLO, Celso Antônio. *Curso de direito administrativo* cit., p. 66.

279. BANDEIRA DE MELLO, Celso Antônio. *Curso de direito administrativo* cit., p. 68-73.

desfavoráveis em matéria tributária pelo Supremo, só merecerão acolhimento se amparados pela Constituição Federal, do contrário, legítimos e com vistas à proteção da coletividade será o direito tutelado pelo contribuinte. Não há razão para aceitarmos o sopesamento de valores que possam autorizar uma tributação para além dos limites constitucionais, para onde já não exista capacidade contributiva ou a tributação tenha efeito de confisco em nome de um determinado "interesse público".[280]

Henrique Mello[281] esclarece, ainda, que, visto enquanto limite, o interesse público na finalidade da arrecadação tributária se vincula ao interesse da coletividade a uma boa administração, objetivando garantir que o quanto exigido dos administrados seja exatamente o quanto permitido pelo sistema tributário nacional, não apenas em relação ao montante de tributos, mas igualmente no que se refere aos direitos protegidos, de modo que a administração respeite a segurança jurídica. De acordo com o autor, a noção de interesse público não deve proteger apenas a necessidade de arrecadação de receitas tributárias, mas, sobretudo, deve proteger a completude dos direitos previstos na carta constitucional, com os olhos voltados à proteção do estado fiscal esperado por todos os cidadãos.

A indisponibilidade do interesse público, é importante destacar, também não pode servir de amparo para distorções no emprego do princípio. Nesse contexto, Eduardo Talamini[282] ensina que se a Administração constata que a

---

280. FISCHER, Octávio Campos. Arguição de descumprimento de preceito fundamental no direito tributário. *In:* FISCHER, Octávio Campos (coord.). *Tributos e direitos fundamentais*. São Paulo: Dialética, 2004. p. 282.

281. MELLO, Henrique. *Os terceiros na sujeição passiva tributária e o alterlançamento* cit., p. 322-323.

282. TALAMINI, Eduardo. A (in)disponibilidade do interesse público: consequências processuais (composições em juízo, prerrogativas processuais, arbitragem, negócios processuais e ação monitória) – versão atualizada para o CPC/2015. *Revista de Processo*, São Paulo, ano 42, n. 264, p. 86, fev. 2017.

posição jurídica do particular é correta, não lhe é dado valer-se de artifícios ou subterfúgios para subtrair-se ao cumprimento do dever dali extraível. E completa:

> Por outro lado, o princípio da indisponibilidade do interesse público, na acepção antes vista, tampouco desautoriza a constatação ora feita. A Administração Pública não está dispondo, "abrindo mão", do interesse público quando dá cumprimento a direito alheio. E isso pela óbvia razão de que, nessa hipótese, se não há direito em favor da Administração, não há que falar em interesse público.

O que se verifica, por fim, é que a supremacia do interesse público tutela o Estado de Direito consagrado pelo texto constitucional, garantindo aos cidadãos a manutenção de sua representatividade.

O direito legitima para funções distintas juízes e legisladores, ambos, todavia, sujeitos aos comandos constitucionais sob pena de atuarem na contramão do interesse público afrontando sua supremacia. Sendo assim, serão representativos da vontade popular os interesses da Fazenda Pública, enquanto entidade representante do Estado, se as regras positivadas no sistema lhes forem favoráveis. O mesmo cabe ao contribuinte.

Desequilibra o sistema político-econômico do país, atingindo frontalmente os direitos fundamentais do contribuinte não a aplicação do direito positivado no ordenamento jurídico, mas os olhos desvendados do Poder Judiciário que colocam na balança fatos que não são jurídicos.

4.1.4 A "vontade da lei" e a proteção dos interesses fazendários nas múltiplas finalidades não previstas para a destinação da contribuição do art. 1º da LC 110/2001 – RE 878.313/SC – Tema 846 da Repercussão Geral

Em Plenário de Sessão Virtual realizada de 07 de agosto de 2020 a 17 de agosto do mesmo ano, o STF, por maioria, apreciando o Tema 846 da repercussão geral, negou provimento ao recurso extraordinário, nos termos do voto do Ministro Alexandre de Moraes, Redator para o acórdão, vencidos os Ministros Marco Aurélio (Relator), Edson Fachin, Rosa Weber e Roberto Barroso. Foi fixada a seguinte tese: "É constitucional a contribuição social prevista no artigo 1° da Lei Complementar n. 110, de 29 de junho de 2001, tendo em vista a persistência do objeto para a qual foi instituída".[283]

A Lei Complementar (LC)110, de 29 de junho de 2001, instituiu duas novas contribuições sociais e autorizou créditos de complementos de atualização monetária em contas vinculadas do Fundo de Garantia do Tempo de Serviço (FGTS). O foco da controvérsia e, portanto, do nosso estudo, diz respeito à contribuição insculpida no art. 1°, que instituiu contribuição social devida pelos empregadores em caso de despedida de empregado sem justa causa, à alíquota de dez por cento sobre o montante de todos os depósitos devidos, referentes ao FGTS, durante a vigência do contrato de trabalho, acrescido das remunerações aplicáveis às contas vinculadas.

Outro aspecto determinante para o exame da questão diz respeito ao caráter finalístico das contribuições especiais gerais, que, abandonada qualquer discussão nesse sentido, aqui pensamos ser o caso da contribuição de que trata o art. 1° da LC 110/2001.

Iniciaremos a construção do nosso raciocínio, antes de verificarmos os argumentos econômicos e extrassistêmicos que levaram à Suprema Corte a concluir ser constitucional a exigência, pelo exame da finalidade que deu causa à instituição desta contribuição especial geral, seguido da verificação da exigência constitucional de vinculação da contribuição à sua finalidade e, ainda, pelo exaurimento desta.

283. BRASIL, Supremo Tribunal Federal. Recurso Extraordinário 878.313. Relator: Marco Aurélio Mello. *DJE* 16.10.2020.

4.1.4.1 Finalidades que deram origem à instituição da contribuição do art. 1º da Lei Complementar 110 de 2001

A Exposição de Motivos dos Ministros da Fazenda e do Trabalho e Emprego, anexa à Mensagem Presidencial enviada em conjunto com o projeto da LC 110/2001 – Projeto de Lei Complementar (PLP) n.195/2001 – são marcas positivadas da finalidade que ensejou a instituição da contribuição em exame. Nesse contexto, é importante destacar o que diz a ementa de referido projeto, nos dados complementares da norma, constantes do sítio da Câmara dos Deputados e do trecho da mensagem n.291, respectivamente:

> Ementa
>
> Institui contribuições sociais, autoriza créditos em contas vinculadas do Fundo de Garantia do Tempo de Serviço – FGTS de complementos de atualização monetária decorrentes de decisão do Supremo Tribunal Federal, e dá outras providências.
>
> Dados Complementares:
>
> ESTABELECENDO QUE A REPOSIÇÃO DAS DIFERENÇAS RELATIVAS AO PLANO COLLOR I E PLANO VERÃO NÃO SUPERIORES A R$ 1.000,00 SERÃO PAGAS ATÉ JUNHO DE 2002. OS DEMAIS TITULARES, QUE TÊM VALORES ACIMA DESSE MONTANTE, TERÃO O COMPLEMENTO CREDITADO EM SUAS CONTAS ENTRE JULHO DE 2002 E JUNHO DE 2006, FINALIZANDO O PAGAMENTO EM CINCO ANOS, CONTADOS A PARTIR DE JULHO DE 2001. CRIANDO UM DESÁGIO PROGRESSIVO DE 10% A 15% SOBRE AS CONTAS DO FGTS COM VALORES ACIMA DE R$ 1.000,00.[284]
>
> Lei de Atualização Monetária do Fundo de Garantia do Tempo de Serviço; Lei de Atualização Monetária do FGTS
>
> EMENTA: Institui contribuições sociais, autoriza créditos de complementos de atualização monetária em contas vinculadas do Fundo de Garantia do Tempo de Serviço – FGTS e dá outras providências.

284. Disponível em: https://www.camara.leg.br/proposicoesWeb/fichadetramitacao?idProposicao=27191. Acesso em: 25 nov. 2021.

TEXTO – PUBLICAÇÃO ORIGINAL

Diário Oficial da União – Seção 1 – Eletrônico – Edição Extra – 30/6/2001, Página 1 (Publicação Original)

Proposição Originária:

PLP 195/2001

Observação: Vide ADIs n.2.556 e 2.568/2001, e 5.053/2013.[285]

O reconhecimento por parte do Poder Judiciário de que os saldos das contas vinculadas do Fundo de Garantia do Tempo de Serviço foram corrigidos a menor na implementação dos Planos Verão e Collor I, teve o efeito de aumentar o passivo do FGTS sem o correspondente aumento do ativo necessário para evitar um desequilíbrio patrimonial no Fundo. Diante dessa decisão da Justiça, e devido à possibilidade de que um número excessivamente elevado de trabalhadores ajuizasse demandas para correção dos saldos na mesma proporção, o que teria o efeito de paralisar o processo judiciário no País, Vossa Excelência decidiu estender a todos os trabalhadores a correção automática de seus saldos, independentemente de decisão judicial. Isto criou uma necessidade de geração de patrimônio do FGTS da ordem de R$42 bilhões. A cobertura de um passivo de tamanha magnitude, correspondente a quase 4% do total do produto gerado no país, não é uma tarefa fácil. Uma possibilidade seria que o Tesouro Nacional o assumisse e repassasse ao FGTS o montante de recursos necessários. O problema é que, para tanto, seria necessário que o Tesouro Nacional aumentasse a dívida pública no montante dos recursos necessários (4% do PIB) ou aumentasse a oferta monetária neste mesmo montante. [...]

Foi exatamente para evitar tais desdobramentos que Vossa Excelência decidiu que a conta não poderia ser paga exclusivamente pelo Tesouro Nacional e promoveu, com as centrais sindicais e confederações patronais que participam do Conselho Curador do FGTS, um processo de negociação que viabilizasse o pagamento do montante devido aos trabalhadores.[286]

285. Disponível em: https://www2.camara.leg.br/legin/fed/leicom/2001/leicomplementar-110-29-junho-2001-334547-norma-pl.html. Acesso em: 25 nov. 2021.

286. BRASIL. Congresso Nacional. Câmara dos Deputados. Diário da Câmara dos Deputados, Brasília, ano VI, n. 44, 04 abril 2001, p. 170. Disponível em: https://l1nk.dev/FeF5X. Acesso em: 26 nov. 2021.

A década de 1990 foi marcada por consecutivos planos econômicos para o controle da inflação que impactaram fortemente as contas vinculadas ao FGTS, em especial pela aplicação de índices de atualização monetária que não correspondiam aos elevados índices inflacionários (os denominados "expurgos inflacionários"), o que terminou por corroer o patrimônio do Fundo, em detrimento dos propósitos que o instruíram, inclusive à garantia do trabalhador na hipótese de demissão. É do que tratam as mensagens legislativas supracitadas.[287]

Quando a exposição de motivos faz alusão ao "reconhecimento por parte do Poder Judiciário de que os saldos das contas vinculadas do Fundo de Garantia do Tempo de Serviço foram corrigidos a menor na implementação dos Planos Verão e Collor I", está se referindo à decisão proferida pelo STF nos autos do n.RE 226.855.[288] Em que pese a decisão prolatada pelo Pleno do STF naqueles autos só

287. MOREIRA, André Mendes; ESTANISLAU, César Vale. Inconstitucionalidade superveniente da contribuição social de 10% sobre o saldo do FGTS em caso de despedida sem justa causa, instituída pelo art. 1º da LC n. 110/2001, face ao atingimento de sua finalidade. *Revista Dialética de Direito Tributário*, n. 227, p. 8, 2014.

288. A decisão está anexada ao PLP 195/2001 e assim ementada: "Fundo de Garantia por Tempo de Serviço – FGTS. Natureza jurídica e direito adquirido. Correções monetárias decorrentes dos planos econômicos conhecidos pela denominação Bresser, Verão, Collor I (no concernente aos meses de abril e de maio de 1990) e Collor II. – O Fundo de Garantia por Tempo de Serviço (FGTS), ao contrário do que sucede com as cadernetas de poupança, não tem natureza contratual, mas, sim, estatutária, por decorrer da Lei e por ela ser disciplinado. – Assim, é de aplicar-se a ele a firme jurisprudência desta Corte no sentido de que não há direito adquirido a regime jurídico. – Quanto à atualização dos saldos do FGTS relativos aos Planos Verão e Collor I (este no que diz respeito ao mês de abril de 1990), não há questão de direito adquirido a ser examinada, situando-se a matéria exclusivamente no terreno legal infraconstitucional. – No tocante, porém, aos Planos Bresser, Collor I (quanto ao mês de maio de 1990) e Collor II, em que a decisão recorrida se fundou na existência de direito adquirido aos índices de correção que mandou observar, é de aplicar-se o princípio de que não há direito adquirido a regime jurídico. Recurso extraordinário conhecido em parte, e nela provido, para afastar da condenação as atualizações dos saldos do FGTS no tocante aos Planos Bresser, Collor I (apenas quanto à atualização no mês de maio de 1990) e Collor II" (RE 226855, Rel. Min. Moreira Alves, Tribunal Pleno, j. 31.08.2000, *DJ* 13.10.2000).

produzir efeitos para as partes envolvidas no processo, a consolidação jurisprudencial em torno da matéria e os impactos orçamentários que adviriam do ressarcimento de todos os beneficiários do FGTS à época dos aludidos Planos, foi fator determinante para que o Governo Federal decidisse deliberar em conjunto com representantes das centrais sindicais e das confederações patronais sobre a criação de novas fontes de recursos para a cobertura do substancial passivo gerado (R$ 42 bilhões, segundo estimativas do Governo).[289]

Dois aspectos, aqui, merecem atenção e serão determinantes para o que pretendemos examinar dos argumentos formulados pelo STF ao julgar constitucional a contribuição especial geral instituída pelo art. 1º da LC 110/2001: (i) a vinculação da contribuição à finalidade para a qual foi instituída; e (ii) a relevância e o caráter prescritivo da exposição de motivos. Vejamos, brevemente, cada um deles.

4.1.4.2 O caráter finalístico das contribuições como exigência constitucional e o exaurimento da finalidade da contribuição do art. 1º da Lei Complementar 110 de 2001

A constitucionalidade da LC 110/2001 começou a ser questionada logo após a sua publicação. São relevantes para o nosso estudo as Ações Direta de Inconstitucionalidade 2.556 e 2.568, que tramitaram em conjunto em razão da conexão entre elas.

Importa também que, no ano de 2003, por ocasião do julgamento de medida cautelar nos autos da ADI 2.556, o STF, ao analisar a natureza das contribuições instituídas pela LC 110/2001, concluiu tratar-se de contribuições

289. MOREIRA, André Mendes; ESTANISLAU, César Vale. Inconstitucionalidade superveniente da contribuição social de 10% sobre o saldo do FGTS em caso de despedida sem justa causa, instituída pelo art. 1º da LC n. 110/2001, face ao atingimento de sua finalidade cit., p. 8.

sociais gerais, submetidas à regência do art. 149[290] da Constituição Federal. O entendimento foi mantido quando do mérito das ações em junho do ano de 2012.

A respeito do caráter finalístico das contribuições, Paulo Ayres Barreto[291] ensina que:

> A regra-matriz de incidência implica um fato de possível ocorrência à consequência de pagar um certo valor a título de contribuição. Além disso, outra norma geral e abstrata haverá de obrigar seja o correspectivo pagamento desse tributo carreado ao atendimento da finalidade que deu causa à sua instituição. *A norma de competência para a instituição de contribuição, que exige seja ela destinada, não pode ser vista como um mero motivo que respalda a produção normativa. No plano infraconstitucional, norma de conduta, geral e abstrata, haverá de obrigar sejam os recursos recebidos a título de contribuição efetivamente destinados aos fins que ensejaram sua criação* (grifamos).

Paulo Ayres[292] lembra, ademais, que a finalidade legitima a contribuição e é essencial para o controle do produto do destino da sua arrecadação, em uma relação de causa e consequência. Empregando a lição de José Eduardo Soares de Melo, o autor mostra, ainda, que esse fenômeno jurídico envolve uma interação entre a atividade legislativa e a atuação do Executivo, concernente à estipulação, pelo Poder Legislativo, do destino do tributo e a posterior exercício da atividade do Poder Executivo na aplicação dos recursos arrecadados, de forma que o dado financeiro integra

---

290. "Art. 149. Compete exclusivamente à União instituir contribuições sociais, de intervenção no domínio econômico e de interesse das categorias profissionais ou econômicas, como instrumento de sua atuação nas respectivas áreas, observado o disposto nos arts. 146, III, e 150, I e III, e sem prejuízo do previsto no art. 195, § 6º, relativamente às contribuições a que alude o dispositivo".

291. BARRETO, Paulo Ayres. *Contribuições:* regime jurídico, destinação e controle. 3. ed. São Paulo: Noeses, 2020. p. 162.

292. BARRETO, Paulo Ayres. *Contribuições:* regime jurídico, destinação e controle cit., p. 160.

o ordenamento jurídico, e passa a ser juridicizado pela via do ato competente que institui o tributo.

Sendo assim, a validade da contribuição está constitucionalmente subordinada à destinação do produto arrecadado ao atendimento dos objetivos expressamente dispostos pela legislação infraconstitucional. Desse modo, será inconstitucional a exigência de contribuição social quando (i) aplicados incorretamente os recursos dela advindos, seja na hipótese em que a lei preveja a destinação dos valores a searas incompatíveis com a finalidade instrutora da contribuição, ou nos casos em que os valores arrecadados sejam aplicados em finalidades alheias ao fim legal instrutor da contribuição; (ii) quando se estiver diante do atingimento da finalidade imposta pela norma instituidora do tributo.[293]

Como vimos, a finalidade da contribuição instituída no art. 1º da LC 110/2001 foi a de munir o Estado de recursos para recuperar a dívida concernente aos expurgos inflacionários nas contas vinculadas ao FGTS, não podendo esse fim ser confundido com a atuação do Poder Público para a garantia da saúde, da previdência e da assistência social.[294]

No ano de 2012, a Caixa Econômica Federal (CEF), gestora do FGTS, encaminhou à superintendência do Fundo o Ofício N.0038/2012/Sufug/Gepas,[295] por meio do qual comunica que as correções junto às contas vinculadas foram integralmente efetivadas e, sendo assim, que a contribuição adicional ao Fundo poderia ser extinta em julho também de 2012.

---

293. MOREIRA, André Mendes; ESTANISLAU, César Vale. Inconstitucionalidade superveniente da contribuição social de 10% sobre o saldo do FGTS em caso de despedida sem justa causa, instituída pelo art. 1º da LC n. 110/2001, face ao atingimento de sua finalidade cit., p. 7.

294. MOREIRA, André Mendes; ESTANISLAU, César Vale. Inconstitucionalidade superveniente da contribuição social de 10% sobre o saldo do FGTS em caso de despedida sem justa causa, instituída pelo art. 1º da LC n. 110/2001, face ao atingimento de sua finalidade cit., p. 12.

295. Disponível em: https://acesse.one/k4EZf. Acesso em: 28 nov. 2021.

Antes mesmo da emissão de referido ofício, a recuperação das contas vinculadas ao FGTS já vinha sendo discutida e, por essa razão, a extinção da exação instituída pelo art. 1º da LC 110/2001 já era objeto de debate no Poder Legislativo, a exemplo do Projeto de Lei do Senado n.198 do ano de 2007.[296] O projeto com origem no Senado foi identificado pela Câmara dos Deputados como Projeto de Lei Complementar 200 de 2012,[297] tendo sido foi aprovado em 03 de julho de 2013.

Submetido à apreciação da Presidência da República, ocupada à época por Dilma Rousseff, o Projeto de Lei Complementar foi vetado[298] em 23 se julho do ano de 2013, de acordo com a Mensagem n.301 enviada ao Legislativo, sob o argumento de que "a extinção da cobrança da contribuição social geraria um impacto superior a R$ 3.000.000.000,00 (três bilhões de reais) por ano nas contas do Fundo de Garantia do Tempo de Serviço – FGTS" e que, dessa maneira:

> A sanção do texto levaria à redução de investimentos em importantes programas sociais e em ações estratégicas de infraestrutura, notadamente naquelas realizadas por meio do Fundo de Investimento do Fundo de Garantia do Tempo de Serviço – FI-FGTS. Particularmente, a medida impactaria fortemente o desenvolvimento do Programa Minha Casa, Minha Vida, cujos beneficiários são majoritariamente os próprios correntistas do FGTS.

Os argumentos econômicos empregados no veto da presidência, de acordo com o que veremos a seguir, são parte da fundamentação adotada pelo STF na decisão que, em sede de repercussão geral, resolveu ser constitucional a contribuição social prevista no art. 1º da LC n.110/2001, tendo em vista a persistência do objeto para a qual foi instituída.

---

296. Disponível em: https://encr.pw/MMw4i. Acesso em: 28 nov. 2021.

297. Disponível em: https://l1nq.com/YcNSp. Acesso em: 28 nov. 2021.

298. BRASIL. Despachos da Presidenta da República: Mensagem n. 301. *Diário Oficial da República Federativa do Brasil*. Brasília, DF, n. 142, 25 jul. 2013.

4.1.4.3 A prescritividade da exposição de motivos

Como procuramos mostrar até aqui, o direito se realiza por meio de atos de fala, com linguagem e procedimentos determinados pelo próprio sistema. Essa organização é fundamental para o atingimento da sua finalidade: harmonizar o convívio social, disciplinando condutas intersubjetivas.

A divisão das tarefas entre os Poderes detalhadamente identificada na Constituição brasileira tem fundamental papel no direito tributário que, por seu turno, tem indispensável importância na consecução dos objetivos do Estado Democrático. Nesse contexto, o legislador lida diretamente com interesses políticos, econômicos e sociais, traçando programas-metas, com a finalidade de alcançar as consequências de suas decisões até o fim.[299]

Por isso, aqui, é importante retomar o que dissemos no Capítulo 5: só podermos acessar aqueles atos de fala vertidos em linguagem competente, atribuindo a sua autoria à legislatura e não à pessoa individual (com o perdão da redundância) de um legislador. O que está disposto na exposição de motivos, portanto, é a parte acessível do debate político – tipicamente democrático, pois representativo – já que vertida em linguagem competente, observados os procedimentos exigidos, deixou de ser evento para se transformar em fato jurídico: foi positivado.

Não se trata, assim, simplesmente de "achar", ou imaginar, o que pensava o legislador à época da edição da lei, mas de compreender quais foram as conclusões da legislatura que levaram à instituição da norma, documentalmente registrada em linguagem prescritiva, típica da empregada pelo Poder Legislativo.

---

299. DERZI, Misabel Abreu Machado. *Modificações da jurisprudência no direito tributário*. São Paulo: Noeses, 2009. p. 21-22.

A valiosa lição de Paulo de Barros Carvalho joga luz ao que queremos explicar:

> Preâmbulo, ementa e exposição de motivos cumprem, de certo modo, o mesmo objetivo: fixam dêiticos de conteúdo que identificam aspectos relevantes da substância discursiva. Assumem o papel e *enunciação enunciada* e permitem o ingresso do receptor da mensagem no teor do que nela foi transmitido. As figuras são muito próximas, consubstanciando algo relevante a respeito da matéria objeto do ato de vontade do legislador, seja ele Poder Legislativo (lei), Poder Judiciário (sentença ou acórdão), Poder Executivo (decreto) ou Setor Privado (contrato). A diferença fica por conta do critério mais acentuadamente axiológico do preâmbulo, em face do caráter sumular, compendial da ementa e da inclinação preponderantemente histórica da exposição de motivos. *O tom prescritivo, todavia, está igualmente presente nas três figuras, porquanto quem legisla não está credenciado a manifestar-se de outra maneira que não seja a ordenadora de condutas.*[300]

As justificativas enunciadas prescritivamente na exposição de motivos devem, desse modo, orientar e limitar a atividade do intérprete do direito, especialmente a atividade jurisdicional que, observando a finalidade que deu causa à instituição de determinado tributo, tem melhores condições, inclusive, de avaliar a constitucionalidade da norma.

4.1.4.4 O argumento econômico disfarçado na fundamentação que encontra múltiplas destinações para a contribuição social: "Em Direito, os fins não justificam os meios"

Registrado o histórico da contribuição em análise e algumas premissas fundamentais para entendermos os motivos que nos fazem acreditar que a Suprema Corte, empregando artifícios semânticos, extrapolou os limites impostos pelo ordenamento jurídico, aplicando argumentos extrassistêmicos, para julgar constitucional a manutenção de contribuição social geral que, claramente, já cumpriu com

---

300 CARVALHO, Paulo de Barros. *Direito tributário:* linguagem e método cit., p. 445-446.

a sua finalidade e que, de acordo com a própria lei que a instituiu, não tem nenhuma outra, passaremos agora a examinar importantes trechos desse julgamento.

O Ministro Alexandre de Moraes, redator e responsável pelo voto vencedor, reconhece que a exação prevista no art. 1º da n.LC 110/2001 é uma contribuição social geral e, ao mesmo tempo, diz ser também indiscutível que:

> [...] o fato motivador da criação das contribuições instituídas pela Lei Complementar 110/2001 foi a necessidade de complementação do Fundo de Garantia do Tempo de Serviço – FGTS, diante da determinação desta Suprema Corte de recomposição das perdas sofridas pelos expurgos inflacionários em razão dos planos econômicos denominados "Verão" (1988) e "Collor" (1989) no julgamento do RE 226.855.
>
> No entanto, Senhor Presidente, é preciso esclarecer que a finalidade da contribuição, à qual a sua cobrança encontra-se devidamente vinculada, não se confunde com os motivos determinantes de sua criação.
>
> Da leitura da Lei Complementar 110/2001, não se extrai que sua finalidade seja *exclusivamente* a recomposição financeira das perdas das contas do Fundo de Garantia do Tempo de Serviço – FGTS em face dos expurgos inflacionários decorrentes dos planos econômicos Verão e Collor.

Note-se, nem a leitura da lei complementar pode ser retirada do contexto que a criou, nem a "finalidade da contribuição, à qual a sua cobrança encontra-se devidamente vinculada" pode ser dissociada confunde dos motivos determinantes de sua criação. Em verdade, os motivos que ensejaram sua criação determinaram sua finalidade.

Alexandre de Moraes considera ainda que a contribuição de que tratamos "foi criada para preservação do direito social dos trabalhadores previsto no art. 7º, III, da Constituição Federal, sendo esta sua *genuína* finalidade", ainda que tal objetivo não conste da própria lei que lhe instituiu.

A expressão "genuína" foi por nós destacada, pois ela é importante para percebermos, desde já, a diferença entre as intenções da legislatura positivada na exposição de motivos e a tentativa arbitrária do Poder Judiciário de "achar" que é conhecedor da vontade da lei, por mais "genuína" que a vontade lhe pareça ser. Mais do que isso, é relevante ter em mente que por mais genuíno que seja o propósito do julgador, nada justifica o abandono das diretrizes traçadas pelo Diploma Constitucional.

Nesse passo, conclui o Ministro Redator:

> Entretanto, esta última destinação, prevista no art. 4º, da referida Lei, é apenas acessória e secundária, não tendo o condão de exaurir integralmente a finalidade para qual a contribuição se destina.
>
> Verifica-se, que a contribuição social prevista no art. 1º da Lei Complementar 110/2001, ora impugnada, embora esteja diretamente vinculada à preservação dos direitos referentes ao FGTS, *não foi instituída exclusivamente para os fins previstos no seu artigo 4º, conforme sustenta a requerente*.

A construção do raciocínio empreendido no sentido de que a destinação da contribuição social constante do art. 1º da LC n.110/2001 encontra lastro no argumento econômico disfarçado na fundamentação da decisão em comento. Em tempo, é preciso lembrar que a decisão é composta por todos os votos e, em especial, o voto vencedor deve ser considerado como um todo, para que seja possível compreender com clareza as razões de decidir.

Por isso, após afirmar entender subsistirem "outras destinações a serem conferidas à contribuição social ora impugnada, igualmente válidas, desde que estejam diretamente relacionadas aos direitos decorrentes do FGTS", Alexandre de Moraes cita o "Programa Minha Casa Minha Vida, cujos destinatários são justamente, em sua grande maioria, os mesmos beneficiários do referido Fundo" e conclui com base em duas importantes manifestações de cunho político e econômico:

> Aliás, este foi o motivo pelo qual a então Presidente da República, Dilma Rousseff, vetou o Projeto de Lei 200/2012, e o Congresso Nacional deliberou pela manutenção do Veto, reconhecendo-se, desta forma, o remanescente interesse público na continuidade da contribuição social prevista no art. 1º da Lei Complementar 110/2001, não obstante exaurida uma das finalidades para a qual foi estabelecida.
>
> *No mesmo sentido manifestou-se a Procuradoria-Geral da República em seu parecer*, do qual peço vênia para transcrever os seguintes trechos:
>
> [...]
>
> A exposição de motivos da LC 110/2001, conquanto justifique a criação das contribuições dos arts. 1º e 2º no déficit das contas vinculadas do FGTS, não vincula desse modo a lei elaborada a partir dessa proposição. *Nada impede que a lei dê destinação diversa da constante na justificação da proposição legislativa*, desde que para atender a finalidade constitucionalmente prevista e desde que seja válido o suporte linguístico da norma.
>
> *A vontade objetiva da lei prevalece sobre a intenção do legislador. A* mens legislatoris*, conquanto relevante para a interpretação autêntica da norma jurídica, não se sobrepõe à* mens legis (grifamos).

Começaremos pelo fim. Do modo como vemos, a conclusão da Procuradoria, parte integrante do voto vencedor, é alarmante, isto é, a exposição de motivos pode ser ignorada, mas a Procuradoria-Geral da República pode dizer qual a interpretação autêntica da norma? Ou ainda, o direito positivo, enunciado prescritivamente na exposição de motivos pode ser esquecido para que, surgindo novas necessidades de custeio social, a Suprema Corte diga o que a Constituição Federal e a lei complementar não disseram?

O fato de o entendimento da Procuradoria-Geral da República corroborar as pretensões da Presidente da República não resulta na conclusão de que ambos conhecem a vontade da lei e que essa vontade não encontra amparo na exposição de motivos constate do projeto que lhe deu origem.

Ademais, a manifestação da Presidência da República tem cunho evidentemente econômico, que não guarda nenhuma relação com as disposições constitucionais concernentes às normas de outorga de competência para a instituição de contribuições sociais gerais. Assim, apesar do indiscutível reconhecimento de que a contribuição do art. 1º da LC n.110/2001 ter sido alcançada, o Poder Executivo preocupa-se apenas com a redução de investimentos em programas sociais e em ações estratégicas de infraestrutura, realizadas por meio do Fundo de Investimento do Fundo de Garantia do Tempo de Serviço, em claro desvio de finalidade dos recursos arrecadados por meio da exigência da contribuição.

Se faltam recursos, cabe à autoridade competente iniciar novo debate e instituir nova exação, pelos meios que o direito admita. Não cabe ao Poder Judiciário tentar "corrigir a rota" impondo ao contribuinte a cobrança de tributos inconstitucionais.

Voto vencido, o Ministro Relator Marco Aurélio faz importante consideração a respeito do veto presidencial ao considerar que ainda que "o conteúdo da proposta já indicasse o esgotamento do objetivo delimitado, as razões do veto presidencial vieram a corroborar a caducidade da contribuição, tendo em vista o desvio de finalidade". E conclui:

> Observem o figurino constitucional, no que estabelece os contornos mínimos da regra matriz de incidência tributária. Não pode o Estado, seja qual for a nobreza do pretexto, fugir ao desenho imposto pela Constituição Federal no tocante às características de cada espécie tributária. Em Direito, os fins não justificam os meios.
>
> Cumpre ter presente o texto constitucional, não o abandonando sob qualquer hipótese, em especial para atender argumentos econômicos.
>
> Caso a União pretenda fazer frente a despesas outras que não as previstas na Lei Complementar n.110/2001, que institua nova contribuição por meio de lei própria – observando, repita-se, os limites de finalidade estabelecidos na Lei Maior – ou, então,

> recorra a receitas orçamentárias dos impostos em geral. O que não pode é, forçando o alcance da finalidade já controvertida quando da previsão original – conforme fiz ver no julgamento conjunto das ações diretas de n. 2.556 e 2.568 –, endereçar os recursos a destinação diversa.

A contribuição social geral instituída pela LC 110/2001, como visto, não foi instituída para o financiamento de ações sociais pelo Estado, mas, exclusivamente, para a obtenção de recursos capazes de recompor os saldos defasados das contas de FGTS, em razão dos expurgos inflacionários impostos pelos Planos Verão e Collor I.

Claro que a preservação das contas vinculadas respeita ao constitucional direito previsto no inciso III do art. 7º, que preceitua ser direito dos trabalhadores urbanos e rurais o fundo de garantia do tempo de serviço. Isso não quer dizer, porém, que a contribuição social geral instituída com a finalidade de recompor seu saldo deva existir eternamente para assegurar referido direito. Como já tivemos a oportunidade de observar, nem mesmo sob a justificativa de garantia do asseguramento do bem comum é possível admitir o desrespeito às regras constitucionais.

Concordar que o art. 7º da Carta Fundamental dá lastro à manutenção e a constitucionalidade da exação em análise, implica descartar a mesma Constituição e suas normas estabelecedoras de competência tributária.

Desde a integral obtenção dos recursos necessários ao cumprimento da finalidade que lhe deu origem, a contribuição de que trata o art. 1º da LC 110/2001 deixou de ser exigível e, portanto, encontrar fundamento na Constituição Federal. Dessa forma, o desvirtuamento do emprego de seus recursos, ainda que "genuínos", ferem frontalmente a previsão do art. 149 da Carta Magna.

Os argumentos que fundamentam a decisão prolatada pelo STF, ancorados na mensagem de veto da Presidência da República ao PLC 200/2012 que, indiscutivelmente, reconhecia que a finalidade da contribuição que exige o adicional de 10% sobre o FGTS para o financiamento do pagamento dos expurgos dos Planos Verão e Collor foi atendida, inserem no sistema norma jurídica baseada em elemento extrassistêmico, preocupada com conteúdo econômico que, além de não estar amparado pelo ordenamento jurídico o afronta.

A atuação confusa do STF, que termina por dar roupagem constitucional a tributo inconstitucional, parece-nos, mais atrapalha a economia do país do que a ajuda (além de todas as evidentes violações que temos discutido desde o início deste trabalho).

6

NOTAS SOBRE NORMAS DO DIREITO BRASILEIRO VOLTADAS ÀS CONSEQUÊNCIAS DA DECISÃO JUDICIAL

6.1 A existência de limitações sistêmicas às restrições dos efeitos da decisão que declara a inconstitucionalidade de lei ou ato normativo – art. 27 da Lei 9.868/1999

Lecionando sobre o controle de constitucionalidade da norma tributária, Robson Maia Lins[301] ensina que, o Supremo, atuando no controle abstrato de constitucionalidade, insere no sistema jurídico norma geral e concreta, quando decide pela constitucionalidade ou pela inconstitucionalidade.

Declarada a inconstitucionalidade da Regra Matriz de Incidência Tributária (RMIT), duas possibilidades se abrem

301. LINS, Robson Maia. *Controle de constitucionalidade da norma tributária* – Decadência e prescrição cit., p. 181.

e, assim, (i) todos ou alguns efeitos da RMIT postos ou a serem postos no sistema podem ser mantidos cujos eventos tenham ocorrido até o trânsito em julgado da declaração de inconstitucionalidade ou outro momento a ser fixado, ou (ii) todos os efeitos da regra matriz inconstitucional sejam retirados do sistema jurídico positivo, hipótese em que a norma produzida pela decisão do STF tem necessariamente efeito vinculante, devendo ser observada tanto pelas instâncias ordinárias do Judiciário quanto pelo Estado-Administração "e a razão é que não se aplica norma sem validade".[302]

O art. 27 da Lei 9.868/1999 prevê que "ao declarar a inconstitucionalidade de lei ou ato normativo, e tendo em vista razões de segurança jurídica ou de excepcional interesse social", o STF, alcançada a maioria de dois terços dos membros, poderá restringir os efeitos da declaração e determinar que sua eficácia só se dê a partir de seu trânsito em julgado ou de outro momento que venha a ser fixado.[303]

O dispositivo, portanto, exige que, em qualquer situação, esteja presente a maioria dos membros da Corte, além de dois requisitos (jurídicos – não é demais lembrar), alternativos para a sua aplicação da norma: *excepcional* interesse social e segurança jurídica.

A amplitude dos conceitos presentes nos requisitos, ao menos à primeira vista, parece possibilitar grande margem de interpretação quanto à definição do que, no caso concreto, atenda às razões de segurança jurídica ou ao excepcional interesse social, permitindo-se, assim, a prolação de

---

302. LINS, Robson Maia. *Controle de constitucionalidade da norma tributária* – Decadência e prescrição cit., p. 182.

303. É importante observar que o nosso estudo se volta aos argumentos empregados na decisão de mérito da questão posta para julgamento. As questões relativas aos efeitos da decisão, portanto, estão alocadas em momento posterior e, naturalmente, guardam relação com as suas consequências (econômicas, em especial quando se trata de matéria tributária), o que não significa dizer que tais decisões não encontram limites no próprio ordenamento jurídico.

decisões arbitrárias, capazes de amesquinhar a segurança do indivíduo e do ordenamento.[304]

No entanto, de acordo com o que buscamos demonstrar até aqui, não se pode confundir interesse público com interesses fazendários e a atenção ao interesse social deve atender, sempre, à solução que tenha sido adotada pela Constituição Federal, ou seja, a amplitude dos conceitos presentes nos requisitos impostos pelo art. 27 não é sinônimo de ausência de limitações sistêmicas para a atuação do julgador.

Nesse sentido, será a Lei Fundamental, conforme ensina Ana Paula Ávila, "o limite preciso da atividade judicial no momento em que aprecia *razões de segurança jurídica* e *excepcional interesse social*".[305]

Quanto aos efeitos da declaração de inconstitucionalidade, ademais, e novamente recorrendo ao que leciona Maia Lins,[306] importa observar que o enunciado do art. 27 é expresso no sentido de que "a regra é o não disciplinamento dos efeitos ocorridos durante a vigência da norma declarada inconstitucional", isto é, em princípio, os efeitos de uma norma declarada inconstitucional não devem ser mantidos no ordenamento.

André Fernandes Dias[307] alerta, a respeito dos requisitos impostos pelo art. 27 da Lei 9.868/1999 que, sopesando

---

304. ÁVILA, Ana Paula. *A modulação de efeitos temporais pelo STF no controle de constitucionalidade ponderação e regras de argumentação para a interpretação conforme a Constituição do artigo 27 da Lei n. 9.868/99*. Porto Alegre: Livraria do Advogado, 2009. p. 61.

305. ÁVILA, Ana Paula. *A modulação de efeitos temporais pelo STF no controle de constitucionalidade ponderação e regras de argumentação para a interpretação conforme a Constituição do artigo 27 da Lei n. 9.868/99* cit., p. 86.

306. LINS, Robson Maia. *Controle de constitucionalidade da norma tributária* – Decadência e prescrição cit., p. 184.

307. FERNANDES, André Dias. *Eficácia das decisões do STF em ADIN e ADC:* efeito vinculante, coisa julgada *erga omnes* e eficácia *erga omnes*. 2. ed. Salvador: JusPodivm, 2020. p. 115.

interesses e valores *em abstrato*, por meio do princípio da proporcionalidade, o STF deverá decidir "se se verificam razões de segurança jurídica ou de excepcional interesse social poderosas o bastante para autorizarem a restrição dos efeitos da declaração de inconstitucionalidade e nulidade da norma". E conclui:

> *Fora do princípio da proporcionalidade, a manipulação* dos efeitos da declaração de inconstitucionalidade pelo STF é, em si mesma, inconstitucional.
>
> É de notar, para além disso, que, ao permitir a restrição dos efeitos da declaração de inconstitucionalidade do STF e, sobretudo, ao permitir o diferimento de seus efeitos para depois do trânsito em julgado da decisão ou de outro momento que venha a ser fixado pelo STF, o art. 27 da Lei 9.868/99 não tornou a norma inconstitucional numa norma meramente anulável, em vez de absolutamente nula, como é da tradição de nosso Direito Constitucional.[308]

Na modulação dos efeitos da decisão de que trata a Lei n.9.868, o argumento pragmático ou consequencialista está fortemente relacionado ao tratamento que será dado às implicações decorrentes das decisões judiciais, no entanto, conforme ensina Fábio Martins de Andrade,[309] "para que a consideração das consequências seja válida, será necessário que elas sejam explícitas e reconduzidas aos enunciados normativos previstos na Constituição".

Não foi o que aconteceu, por exemplo, na circunstância em que a Suprema Corte Brasileira, em sessão virtual realizada em 10 de dezembro de 2021, nos termos do voto *reajustado*[310] do Ministro Dias Toffoli, Redator para o acórdão,

---

308. FERNANDES, André Dias. *Eficácia das decisões do STF em ADIN e ADC:* efeito vinculante, coisa julgada *erga omnes* e eficácia *erga omnes* cit., p. 115.

309. ANDRADE, Fábio Martins. *Modulação em matéria tributária:* o argumento pragmático ou consequencialista de cunho econômico e as decisões do STF cit., p. 378.

310. Reajustado, pois, em sessão virtual realizada em 26 de novembro do mesmo ano, antes do pedido de vista feito pelo Ministro Gilmar Mendes, o Ministro Redator Dias Toffoli votava para estipular que os efeitos da decisão fossem produzidos a

nos autos do Recurso Extraordinário 714.139/SC (Tema 745 da Repercussão Geral) "modulou os efeitos da decisão, estipulando que ela produza efeitos a partir do exercício financeiro de 2024, ressalvando as ações ajuizadas até a data do início do julgamento do mérito (5/2/21)".[311]

A decisão causa perplexidade não apenas pela manutenção de tributo julgado inconstitucional pelo próprio Supremo por pelo menos dois anos depois de prolatado o julgamento de inconstitucionalidade, mas, igualmente, pela ausência de fundamentação que se adéque aos comandos do art. 27 da Lei 9.868/1999 e especialmente da Constituição Federal.

Dias Toffoli, a quem coube a redação do voto, argumenta que recebeu em audiência os governadores dos estados e as respectivas procuradorias, os quais também peticionaram nos autos reproduzindo tabela na qual identificam o impacto anual da decisão. E assim, estando certo o Ministro de que as perdas de arrecadação ocorrem em tempos difíceis, estando ele de posse de novas informações e tendo ponderado *os interesses e os valores em conflito*, terminou por julgar que seria mais adequado se estipular que a decisão da Corte produza efeitos *a partir de 2024, primeiro exercício financeiro regido pelo próximo plano plurianual (PPA) de cada unidade federada.*[312]

Ao Ministro caberia responder, fundamentadamente: (i) quais os interesses e conflitos em jogo e por que, a ponderação de tais elementos o fez concluir que a proteção dos interesses dos estados da Federação deveria prevalecer em detrimento dos direitos e garantias individuais

---

partir do início do próximo exercício financeiro (2022), ressalvando-se as ações ajuizadas até a véspera da publicação da ata do julgamento do mérito.

311. BRASIL, Supremo Tribunal Federal. Recurso Extraordinário 714.139. Relator: Min. Marco Aurélio.

312. BRASIL, Supremo Tribunal Federal. Recurso Extraordinário 714.139. Relator: Min. Marco Aurélio.

do contribuinte?; (ii) em que medida a decisão atende aos princípios constitucionalmente previstos?; (iii) a modulação dos efeitos da decisão de inconstitucionalidade é instrumento hábil para a intervenção na administração econômica dos estados e manutenção do plano plurianual?; (iv) o contribuinte brasileiro não está igualmente ou ainda mais soterrado pela crise econômica fortemente agravada pela pandemia de Covid-19 e que se tornará ainda pior com a imposição de pagamento de tributo inconstitucional?

Será partindo da leitura do texto constitucional que os dispositivos legais e demais atos normativos, sobretudo o art. 27 da Lei 9.868/1999, devem ser conformados e compreendidos, o movimento de irradiação ocorre de cima para baixo, alcançando os mais variados atos normativos, lembra Martins Andrade,[313] que completa:

> [...] a partir da leitura constitucionalmente adequada que os dispositivos legais e demais atos normativos, sobretudo o art. 27 da Lei n.9.868/99, devem ser conformados e compreendidos. O movimento de irradiação ocorre de cima (do topo da pirâmide) para baixo, alcançando os mais variados atos normativos.
>
> [...]
>
> De fato, é precisamente nesse ponto que sobressai o relevo de uma Corte Suprema que seja vocacionada ao ativismo judicial como proteção dos principais direitos fundamentais e individuais dos cidadãos (de modo geral) e dos contribuintes (de maneira particular).
>
> Nesse cenário, *os elevados princípios e regras que sustentam o Estado Democrático de Direito usualmente se sobrepõem aos demais princípios e regras, também previstos na Constituição, que cuidam da organização dos poderes, seus orçamentos, suas políticas públicas, enfim, os seus interesses meramente arrecadatórios, dentre outros. Nessas situações, ainda que surjam – como frequentemente surgem – os argumentos chamados* ad terrorem *animados a aterrorizar o espírito do julgador com o alardeamento de dados e informações que pouco ou nada contribuem para o desfecho da questão jurídica posta para exame e pronunciamento definitivo, a vocação ativista da Suprema Corte fará prevalecer os elevados princípios e*

313. ANDRADE, Fábio Martins. *Modulação em matéria tributária:* o argumento pragmático ou consequencialista de cunho econômico e as decisões do STF cit., p. 379-381.

> *regras que asseguram a proteção dos direitos fundamentais e individuais dos cidadãos e contribuintes* (grifamos).

Note-se, portanto, não haver, na regra do art. 27, autorização para que elementos não jurídicos sejam juridicizados. Sacrifícios aos direitos e garantias e fundamentais e abusos ao poder de tributar não podem ser permitidos como forma de política econômica. Não há, igualmente, na regra do dispositivo em exame, alargamento da competência do STF para que, diante da declaração de inconstitucionalidade da norma tributária, atue como órgão político regulando a economia nacional.

6.2 A disposição do § 3º do art. 927 do Código de Processo Civil

Em termos semelhantes aos previstos pelo art. 27 da Lei 9.868/1999, o Código de Processo Civil de 2015, dispõe no § 3º de seu art. 927 que havendo alteração de jurisprudência dominante da Suprema Corte e dos tribunais superiores ou, ainda, oriunda de casos repetitivos, "pode haver modulação dos efeitos da alteração no interesse social e no da segurança jurídica".

A decisão que altera jurisprudência dominante, seja pela negação de seus motivos ou a sua *ratio decidendi*, a exemplo do que ocorre em ADC ou ADI, deve ser vista sob diferentes aspectos, conforme a decisão que altera o precedente pronuncie, no caso do STF, a inconstitucionalidade ou a constitucionalidade. Será, assim, em razão desses aspectos que os efeitos da decisão terão de ser estudados, já que está exatamente na alteração do sinal de vida dos efeitos da norma o dilema que marca a modificação de entendimento da jurisprudência dominante.[314]

---

314. MARINONI, Luiz Guilherme. Eficácia temporal da revogação da jurisprudência consolidada dos tribunais superiores. *Revista de Informação Legislativa*, Brasília, ano 48, n. 190, p. 23, abr./jun. 2011.

A respeito do dispositivo em questão, Thereza Arruda Alvim[315] ensina ser o princípio da proteção da confiança o fundamento central da possibilidade de se limitar no tempo a eficácia da carga normativa das decisões judiciais, quando já não se esperava mais que a jurisprudência fosse modificada.

Em matéria tributária, Misabel Derzi[316] afirma que a previsibilidade, a certeza e a possibilidade de planejamento no Brasil é questão básica, já que o país é dotado de uma Constituição rica em normas de direito tributário e financeiro em que os principais institutos e conceitos jurídicos têm raiz constitucional que se somam a um leque numeroso de direitos e garantias do contribuinte e do cidadão, de maneira que, a mudança de entendimento da Corte suscita a questão de ordem que envolve princípios de alta relevância como segurança jurídica, irretroatividade, proteção da confiança e boa-fé.

Derzi,[317] lembrando a lição de Niklas Luhmann, adverte ainda que "o juiz, diferentemente do legislador, está vinculado às suas decisões e às premissas que as fundamentaram, sendo mais estreito o seu espaço de liberdade" e que os princípios envolvidos exigem a fundamentação da decisão.

Nesse sentido, além das disposições constitucionais que exigem a fundamentação das decisões judiciais sob pena de que sejam declaradas nulas e daquelas estabelecidas pelo Código de Processo Civil como regra geral (a

---

315. ARRUDA ALVIM, Theresa. Notas acerca da modulação do art. 927, § 3º, do CPC. *Argumenta Journal Law*, Jacarezinho – PR, Brasil, n. 31, p. 92-93, 2019.

316. DERZI, Misabel Abreu Machado. Mutações jurisprudenciais, em face da proteção da confiança e do interesse público no planejamento da receita e da despesa do Estado. Disponível em: https://sachacalmon.com.br/wp-content/uploads/2010/12/Mutacoes-jurisprudenciais-em-face-da-protecao-da-confianca-e-do-interesse-publico-no-planejamento-da-receita-e-da-despesa-do-estado.pdf. Acesso em: 23 jan. 2022, p. 1-2.

317. DERZI, Misabel Abreu Machado. Mutações jurisprudenciais, em face da proteção da confiança e do interesse público no planejamento da receita e da despesa do Estado cit., p. 7.

exemplo dos arts. 11 e 489), o § 4º do próprio art. 927 determina que a alteração de enunciado de súmula, de jurisprudência pacificada ou de tese adotada em julgamento de casos repetitivos deverá ter fundamentação adequada e específica, considerando os princípios da segurança jurídica, da proteção da confiança e da isonomia.

Novamente as balizas oferecidas pelo ordenamento limitam a atuação Supremo e impedem arbitrariedades no trato da modulação de efeitos, de modo que, ainda que equivocadamente se defenda, não há espaço para que, até em hipóteses como tais, sejam extrapolados os limites da juridicidade.

6.3 Art. 21 da LINDB: o dever de transparência das decisões que invalidem ato, contrato, ajuste, processo ou norma administrativa

Ao contrário do que uma leitura menos cuidadosa pode fazer crer, a disposição do art. 21 e de seu parágrafo único da Lei de Introdução às Normas do Direito Brasileiro (LINDB) não juridiciza fatos econômicos quaisquer, nem normatiza o consequencialismo econômico para que seja empregado pelas autoridades judicantes em decisões de natureza indeterminada. O exame atento de referido dispositivo demonstrará que sua edição está mais relacionada à contenção de abusos do que à outorga de novas ferramentas aos julgadores, além de, no fundo, replicar o dever constitucional, também consagrado pelo Código de Processo Civil brasileiro, de motivação e fundamentação das decisões, administrativas ou judiciais, para que, ao fim, sejam observadas e cumpridas as previsões delineadas pela Carta Magna.

A invalidação de atos administrativos, de que trata o art. 21 da LINDB, tem lastro no poder-dever da Administração de, constatada a antijuridicidade de determinado ato, promover sua anulação sem que isso, em princípio, signifique afronta à segurança jurídica.

As Súmulas 346 e 473 do STF, inclusive, e em sentidos muito semelhantes, estabeleceram poder a Administração Pública declarar a nulidade dos seus próprios atos e anulá-los, quando eivados de vícios que os tornem ilegais, já que deles não se originam direitos; ou revogá-los, por motivo de conveniência ou oportunidade, respeitados os direitos adquiridos, e ressalvada, em todos os casos, a apreciação judicial.[318]

Em âmbito federal, ademais, a anulação e a revogação de atos administrativos é regulada pela Lei 9.784/1999, sendo que o art. 53 garante à Administração Pública a possibilidade de anular seus próprios atos, quando eivados de vício de legalidade, e de revogá-los por motivo de conveniência ou oportunidade, observados os direitos adquiridos, e o art. 54 prevê que da anulação que decorram efeitos favoráveis para os destinatários, será de cinco anos, contados da data em que foram praticados, o prazo de decadência, salvo comprovada má-fé.[319]

Também a Suprema Corte, ao tratar do Tema 138 da Repercussão Geral nos autos do RE 594.296/MG, fixou tese para assegurar ao Estado a faculdade de revogar os atos que repute ilegalmente praticados, com a ressalva de que, se de tais atos já tiverem decorrido efeitos concretos, seu desfazimento só poderia ocorrer se precedido de regular processo administrativo. A adoção do posicionamento garante, conforme ensina Genilson Carreiro,[320] efetividade à garantia do contraditório e da ampla defesa e a proteção da confiança legítima, mitigando o poder do administrador, que em hipótese alguma é absoluto, assegurando que

---

318. CARREIRO, Genilson Rodrigues *Os novos mecanismos de controle da discricionariedade judicial da Lei de Introdução às Normas do Direito Brasileiro*. Belo Horizonte: Fórum, 2021. p. 211.

319. CARREIRO, Genilson Rodrigues *Os novos mecanismos de controle da discricionariedade judicial da Lei de Introdução às Normas do Direito Brasileiro* cit., p. 212.

320. CARREIRO, Genilson Rodrigues *Os novos mecanismos de controle da discricionariedade judicial da Lei de Introdução às Normas do Direito Brasileiro* cit., p. 212.

o atingido pela invalidação tenha ciência da instauração do processo administrativo e dele participe com reais possibilidades de influenciar o órgão julgador na formação do juízo de mérito acerca do caso analisado.

A adequada fundamentação das decisões que cuidam do desfazimento de atos administrativos, nesse sentido, colabora para evitar a tomada de atitudes discricionárias por parte dos julgadores. A discricionariedade, que se pretende obstar, esconde do controle do direito condutas e decisões reprováveis, por isso, é preciso observar que a eventual abertura semântica de um conceito jurídico, apesar de ser capaz de criar um leque de possíveis soluções, não permite, indiscriminadamente, qualquer solução, nem exime o gestor do âmbito dos controles interno (controladorias, auditorias) e externo (Tribunais de Contas, Ministério Público e Poder Judiciário) da responsabilidade por suas escolhas.[321]

Nesse sentido, José Vicente Santos de Mendonça[322] explica que parte das alterações trazidas pela Lei n.13.655, de abril de 2018, ao Decreto-lei 4.567/42 (LINDB) pretende reagir à *cultura do hipercontrole público* que tomou conta do Brasil dos últimos tempos e, assim, o consequencialismo jurídico de que se imbuiu a LINDB busca servir como freio para certos aspectos desta cultura. Mendonça faz também um importante alerta que, cabe bem para as outros dispositivos de conteúdo similar, "é preciso entender adequadamente como suas normas podem incidir aos casos, sob pena de ser parte do mal cuja cura buscava ser".

---

321. VITORELLI, Edilson. A Lei de Introdução às Normas do Direito Brasileiro e a ampliação dos parâmetros de controle dos atos administrativos discricionários: o direito na era do consequencialismo. *Revista de Direito Administrativo*, v. 279, n. 2, p. 82-84, 2020. Disponível em https://doi.org/10.12660/rda.v279.2020.82006. Acesso em: 28 jan. 2022.

322. MENDONÇA, José Vicente Santos de. Art. 21 da LINDB – Indicando consequências e regularizando atos e negócios. *Revista de Direito Administrativo*, 2018, p. 45-47. Disponível em: https://doi.org/10.12660/rda.v0.2018.77649. Acesso em: 28 jan. 2022.

Por isso, é importante examinar com atenção o comando do art. 21 e de seu parágrafo único, que estão assim redigidos:

> Art. 21. A decisão que, nas esferas administrativa, controladora ou judicial, decretar a invalidação de ato, contrato, ajuste, processo ou norma administrativa deverá indicar de modo expresso suas consequências jurídicas e administrativas. (Incluído pela Lei n. 13.655, de 2018)
>
> Parágrafo único. A decisão a que se refere o *caput* deste artigo deverá, quando for o caso, indicar as condições para que a regularização ocorra de modo proporcional e equânime e sem prejuízo aos interesses gerais, não se podendo impor aos sujeitos atingidos ônus ou perdas que, em função das peculiaridades do caso, sejam anormais ou excessivos. (Incluído pela Lei n. 13.655, de 2018)

A norma se refere, como antecipado, a decisões de invalidação de ato, contrato, ajuste, processo ou norma administrativa, tomadas em âmbito administrativo, controlador ou judicial e exige a indicação expressa, nesses casos, de suas consequências jurídicas e administrativas, isto é, de estados futuros associados à atuação pública, do dever ou do direito que surge a partir da decisão.[323]

Assim, por exemplo, na hipótese de o Judiciário invalidar uma desapropriação, uma das consequências jurídicas imediatas é o dever jurídico de devolver a indenização ao expropriante, ou, ainda, a decisão administrativa que invalida a demissão de um servidor público estável, tem como consequência jurídica imediata sua reintegração ao cargo.[324]

A respeito da redação do parágrafo único do dispositivo em exame, ainda de acordo com José Mendonça,[325] a imposição para a indicação das condições para que a regularização de modo proporcional e equânime e sem prejuízo

323. Ibidem, p. 48.

324. Ibidem, p. 48.

325. Ibidem, p. 53.

aos interesses gerais, refere-se à distribuição equivalente de cargas, isto é, na invalidação de ato – tendo em vista que a invalidação tem origem em um equívoco, na falha da detecção de uma ilegalidade – não será possível entregar todo o custo do erro ao particular. "Interesses gerais não equivalem a interesses patrimoniais do Estado".

A defesa do interesse público, conveniência e oportunidade, conceitos jurídicos abstratos que são, demandam maior fundamentação acerca das consequências previstas pelo gestor, razão pela qual a LINDB impôs o dever de analisar as consequências práticas de seus atos. E, assim, em não o fazendo por descuido, praticará uma ilegalidade, em não o fazendo porque o contexto fático comprova que as consequências contraindicam a decisão, terá praticado ato de improbidade administrativa.[326]

Nesse contexto, as consequências de que trata o comando do art. 21 da LINDB são de fato e de Direito e, por isso, tem de ser: (i) *admissíveis e exequíveis pela Constituição Federal*, de modo que o julgador não está autorizado a invalidar o ato, negócio ou norma administrativa quando, disso, decorrerem estados jurídicos ou administrativos inconstitucionais e/ou inexequíveis; (ii) *certas e prováveis*, e não apenas plausíveis, o que implica o afastamento das suposições; (iii) *imediatas e imediatamente futuras*, isto é, a consequência administrativa ou jurídica é o efeito direto da decisão de invalidade; e (iv) base empírica que demonstre que a consequência é decorrência lógica, jurídica ou fática da decisão, afinal, "consequência não é palpite".[327]

---

326. VITORELLI, Edilson. A Lei de Introdução às Normas do Direito Brasileiro e a ampliação dos parâmetros de controle dos atos administrativos discricionários: o direito na era do consequencialismo, p. 103 e 101.

327. MENDONÇA, José Vicente Santos de. Art. 21 da LINDB – Indicando consequências e regularizando atos e negócios cit., p. 48-49.

Note-se, portanto, que nem a normatização do consequencialismo que se dá no caso do art. 21 da LINDB, autoriza a tomada de decisões fundadas em argumentos extrassistêmicos. As consequências tratadas aqui, de fato e de direito, devem estar, comprovadamente, relacionadas à desconstituição do ato administrativo tido como ilegal.

O mesmo raciocínio e a aplicação de referida regra, por outro lado, não parece ser aplicável às hipóteses em que se discute a constitucionalidade de determinado tributo e, principalmente, não serve como fundamento para a manutenção de tributo inconstitucional se levadas em consideração as possíveis consequências de sua extirpação do sistema tributário nacional. A ideia é oposta.

A eventual verificação de consequências – quando esse for o caso – devida e empiricamente comprovadas, precisam colaborar para a construção de fundamentos constitucionais da decisão e, assim, pela prolação de uma norma igualmente constitucional e sistêmica.

7

CONCLUSÃO

A investigação proposta por esta pesquisa objetivou verificar os limites do emprego do argumento econômico como justificativa para a prolação de normas judiciárias com origem em julgamentos de ações para controle de constitucionalidade concentrado e repercussão geral pela Suprema Corte brasileira.

Sabemos que a consecução das finalidades do Estado depende diretamente da arrecadação tributária e, nesse contexto, compreendemos que há forte laço que aproxima o sistema tributário nacional dos sistemas econômico e político no país. Todavia, pudemos perceber que a vizinhança dos sistemas não permite a confusão entre eles, sob pena de vermos comprometida a estrutura da República Federativa do Brasil e ameaçados direitos fundamentais do contribuinte com avanço indevido das balizas impostas ao poder de tributar.

Por ser assim, concluiremos desde logo: serão sistêmicos os argumentos que puderem regressar ao texto constitucional e lá puderem encontrar fundamento de validade para a norma judiciária originária de decisão prolatada pelo STF. Desse modo, o regresso da norma judiciária à Carta Magna e a juridicidade dos fatos justificadores da decisão são o limite a ser respeitado pela Corte. O emprego de argumentos consequencialistas de caráter econômico, especialmente quando fatos econômicos não são parte da matéria posta para julgamento, extrapolam esse limite.

As decisões da Corte Constitucional, é bom lembrar, não se resumem à ementa do acórdão ou à parte dispositiva. A construção das razões que ensejam a conclusão do tribunal sobre a constitucionalidade ou inconstitucionalidade de determinado tributo está inserta nas motivações que compõem a argumentação dos Ministros envolvidos no julgamento.

Como vimos, o direito se manifesta por atos de fala performativos materializados em mensagens de caráter prescritivo, destinadas à regulação de condutas intersubjetivas de uma sociedade, sempre modalizadas por um operador deôntico (obrigatório, proibido ou permitido) que lhes atribui força ilocucionária. A linguagem do direito é, dessa forma, uma convenção que estabelece como novos atos de fala podem ser produzidos e quais são as pessoas habilitadas para sua produção. Por isso, o pronunciamento de atos de fala fora do quanto estabelece o próprio direito é nulo e não verdadeiro ou falso.

Será também o direito positivo a selecionar as condutas que a ele importa regular e, por seus procedimentos convencionados e linguagem competente admitir que novos elementos dele façam parte. Desse modo que o ingresso de componentes exteriores a ele só será acolhido quando relatados em seu código.

Posto como camada linguística o direito se estrutura em forma de sistema autônomo constituído por normas jurídicas, regras com vocação para a sua realização. Expressadas por meio da linguagem, as normas jurídicas são textos sujeitos ao esforço interpretativo daqueles para quem as normas se destinam, por essa razão a aplicação dos enunciados prescritivos dependerá da atividade interpretativa da pessoa habilitada para aplicá-lo.

Como um conjunto de elementos normativos e de regras que determinam as relações entre os elementos, o direito positivo é um sistema complexo que se compõe de uma estrutura e de um repertório, em que o ingresso de novas normas demandará da busca por um fundamento de validade no próprio sistema. Sintaticamente, portanto, uma norma válida será aquela que procure fundamento de validade em uma de superior hierarquia, de onde se originarão séries normativas de subordinação, que terminam em uma primeira norma: a norma fundamental, conforme ensina Hans Kelsen.

À vista disso, o pertencimento de uma norma a uma ordem normativa se baseará no último fundamento de validade dessa ordem. Fundamental, nesse diapasão, é a norma capaz de estabelecer unidade em uma multiplicidade de normas e, ao mesmo tempo, representar o fundamento de validade de todas as normas que compõe o ordenamento. É da norma fundamental – norma pressuposta e não material – que tem origem, por atos de fala praticados pelo legislador constituinte, a Constituição.

Por essa ótica, o domínio do direito é fechado em termos sintáticos, composto por linguagem própria, que não se confunde com a linguagem da realidade social. A abertura em nível semântico e pragmático do sistema não altera essa condição, pois, do contrário, se estaria renunciando ao que é jurídico.

O sistema tributário nacional, detalhadamente desenhado pela Constituição Federal, serve de diretriz para que as ordens jurídicas parciais da União, Estados e Municípios possam exercer suas competências tributárias e é para ela – Constituição – que devem ser reconduzidas as normas judiciárias provenientes do controle de constitucionalidade dos enunciados prescritivos resultantes da função legislativa dos entes federados.

Ademais, a proteção da forma federativa e da separação dos poderes, bem como os direitos e garantias individuais devem representar verdadeira trava ao ingresso de inovações no sistema tributário. Eis a moldura para o labor argumentativo na produção de normas judiciárias. Ainda que a interpretação possa levar o exegeta a mais de uma conclusão, apenas será admissível aquela que der origem a um conjunto de razões sustentados pelo sistema de direito positivo.

O dever de motivação das decisões – em que o julgador justifica suas escolhas e apresenta suas bases normativas – é fator indispensável para a legitimidade da norma judiciária, derivado de comandos constitucionais e da lei processual civil. Só se pode controlar, afinal, aquilo que conhecemos. A defesa da legalidade tributária, da capacidade contributiva, a imposição de limitações ao poder de tributar apenas se efetivará se o conteúdo das decisões e as razões que as justificam forem expressos.

O contexto apresentado nos leva a inferir que o exercício da atividade jurisdicional pelo STF no trato do controle de constitucionalidade concentrado e em repercussão geral não encontra autorização no sistema de direito positivo brasileiro para, ultrapassadas as fronteiras da matéria levada a julgamento pela parte, atuar interferindo em sistemas em que lhe falte competência e permitindo que o não jurídico afete o sistema de direito.

No âmbito da atuação que desborda as fronteiras do ordenamento jurídico estão as decisões lastreadas em argumentos consequencialistas de cunho econômico que, voltados ao utilitarismo e dedicados ao prognóstico das consequências produzidas pela decisão, subordinam a aplicação do direito atinente ao mérito da questão em litígio aos efeitos do julgamento, apresentando justificativas desprovidas de juridicidade.

A preocupação com o impacto econômico da decisão judicial em nosso ordenamento jurídico encontra amparo em disposições que objetivam a modulação dos seus efeitos, como o que se verifica do art. 27 da Lei 9.868/1999 e do § 3º do art. 927 do CPC. A questão é que, além de essas disposições apresentarem requisitos e ressalvas para a sua aplicação, o emprego da modulação não se relaciona com o mérito da demanda e, então, não interfere no debate acerca do direito levado para julgamento.

Tal circunstância deveria proteger o julgamento do mérito de preocupações com as suas consequências, preservando a imparcialidade da decisão e a manutenção dos limites do que é jurídico.

Partindo desses pressupostos, respondendo às indagações trazidas no início deste trabalho, podemos concluir:

(i) A Constituição Federal delimita a competência de cada um dos Poderes no Brasil. É da Carta Magna, ainda, que derivam as regras de conduta dos três Poderes, estabelecendo o proceder e os procedimentos que devem ser observados. Quando um dos Poderes fecha os olhos para as determinações constitucionais o Estado Democrático de Direito se desequilibra e, em razão disso, a condição de sistema do direito positivo fica ameaçada.

Normas judiciárias produzidas com abertura à argumentação extrassistêmica afastam-se das regras positivadas do ordenamento e admitem a entrada de fatos não jurídicos no debate, provocando a indevida confusão entre a linguagem do direito e a linguagem social. Em matéria tributária, a adoção desses argumentos torna parcial a Corte que, preocupada em defender os interesses econômicos manifestos por uma das partes amolda a norma, alargando seu conteúdo semântico, para dar solução tão somente àquele caso específico.

Sendo assim, apenas revelarão pertencimento ao sistema as normas judiciárias prolatadas em consonância com suas predeterminações. Posto isso, não é possível admitir o emprego de argumentos extrassistêmicos, como é o caso do argumento econômico justificado nas preocupações com o sistema político-econômico, pelo STF.

(ii) Nesse contexto, o argumento econômico não encontra amparo mesmo quando os conteúdos das normas jurídicas tenham amplitude semântica, a exemplo do que ocorre com a *supremacia do interesse público*, comando enunciado por vários dispositivos constitucionais.

A proteção dos interesses da coletividade se destina, em última análise, à proteção do próprio Estado Democrático de Direito, o que não significa dizer que os interesses a serem preservados se confundem com os interesses da administração estatal.

Os interesses coletivos estarão seguros, portanto, quando a Constituição Federal também estiver. Isso exige a verificação de todos os comandos voltados à limitação do poder de tributar, com absoluto respeito à capacidade contributiva. A inobservância de direitos e garantias individuais viola o texto constitucional e, por consequência, viola o interesse público, fragilizando a Carta da República.

A abertura semântica de algumas normas constitucionais sempre encontrará no próprio texto constitucional o seu melhor sentido, isto é, aquele tendente à sua máxima preservação. Se a norma judiciária não puder regressar ao texto constitucional, o emprego dos argumentos que a motivou não pode ser acolhido.

(iii) Apesar, no entanto, de todas essas conclusões, quando a norma judiciária em matéria tributária tem origem em julgamento prolatado pelo Pleno do STF, fica a pergunta: a quem cabe o controle dessas decisões se recursos não são mais cabíveis? Diante de uma norma judiciária anulável em virtude de evidentes violações constitucionais, como buscar o reconhecimento de que tal norma deveria ser extirpada do sistema?

As indagações acima serão respondidas como proposta para reflexão sobre os caminhos possíveis para que decisões irrecorríveis não se tornem o vão encontrado pelo autoritarismo e pela parcialidade para que a Suprema Corte interfira no sistema de direito positivo com desrespeito aos seus próprios comandos.

A legitimidade da atividade jurisdicional é dependente da atenção aos princípios e regras do direito e, no caso do STF, em função da competência que lhe foi outorgada pela CF, a legitimidade de suas ações está especialmente condicionada à guarda do texto constitucional. A independência do Poder Judiciário e a liberdade de interpretação não estão acima dessas premissas e, nesse sentido, não podem salvaguardar a intromissão da Suprema Corte no sistema político econômico do País.

O STF, em vista disso, deve ser responsabilizado por suas escolhas e, seus membros não podem estar isentos de responsabilização funcional. Não se trata de pretender criminalizar a hermenêutica, pois o que se busca não é frear a autonomia das interpretações, mas, sim, reforçar que a argumentação que deriva do esforço interpretativo dos julgadores deve conduzir à norma que encontre lastro no sistema de direito positivo, prolatada com a indispensável imparcialidade do órgão julgador e fundada exclusivamente nos elementos jurídicos levados aos autos.

O que fere a Constituição e viola direitos e garantias fundamentais do contribuinte não é a interpretação, mas o agir em desacordo com a competência atribuída ao órgão e a adaptação de normas gerais e abstratas para o atendimento de interesses particulares e não jurídicos (o que inclui os da Fazenda Pública).

Não se trata, ademais, de banalizar o instituto do *impeachment* dos Ministros da Suprema Corte, mas de lembrar que o instituto existe e deve servir ao jurisdicionado, nos exatos limites impostos pelo ordenamento jurídico.

Os mecanismos de controle das decisões do Pleno da Corte existem e estão dispostos no sistema, ainda que os julgamentos não possam ser revistos por recurso processual civil.

Cabe, além do mais, à atividade acadêmica não se conformar com os resultados de julgamentos irrecorríveis. A academia se enfraquece e sua função perde sentido quando os que se dedicam ao estudo da teoria do direito se conformam com os resultados que afrontam a Constituição. É preciso tratar da matéria quando a tese a respeito da inconstitucionalidade de determinado tributo vem à tona e, igualmente necessário, que após o julgamento as eventuais impropriedades sejam largamente estudadas e divulgadas.

A doutrina que, sem nenhuma dúvida, colabora fortemente para a construção das normas judiciárias, não deve se omitir.

As questões relativas às dificuldades econômicas do Brasil são demasiadamente complexas, com raízes históricas, vinculadas a problemas estruturais, gastos públicos exacerbados e corrupção. O STF colabora para a solução desses graves problemas quando exerce a sua função dentro dos limites impostos pelo ordenamento e não fora deles.

A adoção de soluções simplistas pelo STF, desacompanhadas de avaliação profunda sobre o impacto das decisões e da verificação isonômica de seus reflexos para toda a classe de contribuintes, além de implicarem desrespeito às normas de competência, tornam as dificuldades ainda maiores.

A imposição de pagamento de tributos visivelmente inconstitucionais afasta do País investimento nacional e estrangeiro, impossibilita a geração de empregos, diminui as vagas disponíveis, gera informalidade e, por consequência a diminuição da arrecadação.

À Suprema Corte brasileira cabe a guarda da Constituição Federal, sem relativizações. O fato puro não pode se sobrepor ao que é jurídico.

REFERÊNCIAS

ALEXY, Robert. *Conceito e validade do direito*. Organização Ernesto Garzón Valdés. Tradução Gercélia Batista de Oliveira Mendes. São Paulo: WMF Martins Fontes, 2009.

ANDRADE, Fábio Martins. *Modulação em matéria tributária:* o argumento pragmático ou consequencialista de cunho econômico e as decisões do STF. São Paulo: Quartier Latin, 2011.

ANDRADE, Fábio Martins. O consequencialismo, a modulação temporal dos efeitos e o ativismo judicial nas decisões do Supremo Tribunal Federal e o Estado de Direito. *Revista Dialética de Direito Tributário*, n. 172, jan. 2010.

ANDRADE, José Maria Arruda de. Consequencialismo e argumento de risco fiscal na modulação de efeitos em matéria tributária. *Revista Direito Tributário Atual*, São Paulo, IBDT, n. 40, p. 506-523, 2018.

ANDRADE, José Maria Arruda de. Interpretação e aplicação da lei tributária: da consideração econômica da norma tributária à análise econômica do direito. *In:* MACHADO, Hugo de Brito (coord.). *Interpretação e aplicação da lei tributária*. São Paulo: Dialética; Fortaleza: Instituto Cearense de Estudos Tributários – ICET, 2010.

ARRUDA ALVIM, Theresa. Notas acerca da modulação do art. 927, § 3º, do CPC. *Argumenta Journal Law*, Jacarezinho – PR, Brasil, n. 31, 2019.

ATALIBA, Geraldo. *Hipótese de incidência tributária*. 6. ed. São Paulo: Malheiros, 2000.

ATALIBA, Geraldo. *Sistema constitucional tributário brasileiro*. São Paulo: Revista dos Tribunais, 1968.

ATIENZA, Manuel. *As razões do direito:* teoria da argumentação jurídica. Tradução Maria Cristina Guimarães Cupertino. 2. ed. Rio de Janeiro: Forense, 2014.

AUSTIN, John Langshw. *Quando dizer é fazer.* Tradução Danilo Marcondes de Souza Filho. Porto Alegre: Artes Médicas, 1990.

ÁVILA, Ana Paula. *A modulação de efeitos temporais pelo STF no controle de constitucionalidade ponderação e regras de argumentação para a interpretação conforme a Constituição do artigo 27 da Lei n. 9.868/99*. Porto Alegre: Livraria do Advogado, 2009.

BANDEIRA DE MELLO, Celso Antônio. *Curso de direito administrativo*. 27. ed. São Paulo: Malheiros, 2010.

BARRETO, Paulo Ayres. *Contribuições:* regime jurídico, destinação e controle. 3. ed. São Paulo: Noeses, 2020.

BARROS, Marco Antonio Loschiavo Leme de; RIZZARDI, Maíra Martinelli. O Supremo Tribunal Federal e a Argumentação Consequencialista. *Revista Direito e Justiça: reflexões sociojurídicas*, v. 15, n. 24, p. 101-122, 2015.

BARROSO, Luis Roberto. *Controle de constitucionalidade no direito brasileiro*. 2. ed. Rio de Janeiro: Saraiva, 2006.

BARROSO, Luis Roberto. Judicialização, ativismo judicial e legitimidade democrática. *Suffragium. Revista do Tribunal Regional Eleitoral do Ceará*, v. 5, n. 8, 2009.

BECKER, Alfredo Augusto. *Teoria geral do direito tributário*. 4. ed. São Paulo: Noeses, 2007.

BEZERRA NETO, Bianor Arruda. *O que define um julgamento e quais são os limites do juiz?* São Paulo: Noeses, 2018.

BOBBIO, Norberto. *Teoria do ordenamento jurídico*. Tradução Cláudio de Cicco e Maria Celeste C. J. Santos. Brasília/São Paulo: UnB/Polis, 1989.

BRASIL, [Constituição (1988)]. *Constituição da República Federativa do Brasil*. Brasília, DF. Congresso Nacional, 1988.

BRASIL. Caixa Econômica Federal. Relatório de gestão do ano de 2012. Disponível em https://acesse.one/k4EZf. Acesso em: 28 nov. 2021.

BRASIL. Câmara dos Deputados. Projeto de Lei Complementar n. 200 de 2012. Disponível em: https://l1nq.com/YcNSp. Acesso em: 28 nov. 2021.

BRASIL. Câmara dos Deputados. Proposta de Emenda à Constituição n. 277-A de 2000. Disponível em: https://encr.pw/jsKVd. Acesso em: 28 nov. 2021.

BRASIL. Congresso Nacional. Câmara dos Deputados. Diário da Câmara dos Deputados, Brasília, ano VI, n. 44, 04 abril 2001, p. 170. Disponível em: https://l1nk.dev/FeF5X. Acesso em: 26 nov. 2021.

BRASIL. Decreto-Lei n. 4.657, de 04 de setembro de 1942. Lei de Introdução às normas do Direito Brasileiro. Diário Oficial da União (DOU) de 09.09.1942.

BRASIL. Despachos da Presidenta da República: Mensagem 301. *Diário Oficial da República Federativa do Brasil*. Brasília, DF, n. 142, 25 jul. 2013.

BRASIL. Despachos da Presidenta da República: Mensagem 301. Diário Oficial da República Federativa do Brasil. Brasília, DF, n.142, 25 jul. 2013.

BRASIL. Emenda Constitucional 33, de 11 de dezembro de 2001. Altera os arts. 149, 155 e 177 da Constituição Federal. *Diário Oficial da União (DOU)* de 12.12.2001.

BRASIL. Emenda Constitucional n. 45, de 30 de dezembro de 2004. Altera dispositivos dos arts. 5º, 36, 52, 92, 93, 95, 98, 99, 102, 103, 104, 105, 107, 109, 111, 112, 114, 115, 125, 126, 127, 128, 129, 134 e 168 da Constituição Federal, e acrescenta os arts. 103-A, 103B, 111-A e 130-A, e dá outras providências. *Diário Oficial da União (DOU)* de 31.12.2004.

BRASIL. Lei 1.079, de 10 de abril de 1950. Define os crimes de responsabilidade e regula o respectivo processo de julgamento. Diário Oficial da União (DOU) de 12.04.1950.

BRASIL. Lei Complementar n. 110, de 29 de junho de 2001. Institui contribuições sociais, autoriza créditos de complementos de atualização monetária em contas vinculadas do Fundo de Garantia do Tempo de Serviço – FGTS e dá outras providências. *Diário Oficial da União (DOU)* de 30.06.2001.

BRASIL. Lei Complementar n. 35, de 14 de março de 1979. Dispõe sobre a Lei Orgânica da Magistratura Nacional. *Diário Oficial da União (DOU)* de 14.03.1979.

BRASIL. Lei n. 13.105 de 16 de março de 2015. Código de Processo Civil. *Diário Oficial da União (DOU)* de 17.03.2015.

BRASIL. Lei n. 5.172, de 25 de outubro de 1966. Código Tributário Nacional. *Diário Oficial da União (DOU)* de 27.10.1966.

BRASIL. Lei n. 8.029, de 12 de abril de 1990. Dispõe sobre a extinção e dissolução de entidades da administração Pública Federal, e dá outras providências. *Diário Oficial da União (DOU)* de 13.04.1990.

BRASIL. Lei n. 9.868, de 10 de novembro de 1999. Dispõe sobre o processo e julgamento da ação direta de inconstitucionalidade e da ação declaratória de constitucionalidade perante o Supremo Tribunal Federal. *Diário Oficial da União (DOU)* de 11.11.1999.

BRASIL. Senado Federal. Projeto de Lei da Câmara n. 126, de 2015. Disponível em: https://encr.pw/V1pI5. Acesso em: 21 jan. 2022.

BRASIL. Senado Federal. Projeto de Lei do Senado n. 198 do ano de 2007. Disponível em: https://encr.pw/MMw4i. Acesso em: 28 nov. 2021.

BRASIL. Supremo Tribunal Federa. Pleno – Contribuição social destinada ao Sebrae, à Apex e à ABDI. YouTube, 27/09/2020. Disponível em: https://www.youtube.com/watch?v=3hZzYicennI. Acesso em: 30 nov. 2021.

BRASIL. Supremo Tribunal Federal. Recurso Extraordinário 559.937. Relatora Ministra Ellen Gracie. *DJE* 10.10.2013.

BRASIL. Supremo Tribunal Federal. Recurso Extraordinário 603.624. Relatora: Rosa Weber. *DJE* 13.01.2021.

BRASIL. Supremo Tribunal Federal. Recurso Extraordinário 714.139. Relator: Min. Marco Aurélio.

BRASIL. Supremo Tribunal Federal. Recurso Extraordinário 878.313. Relator: Marco Aurélio Mello. *DJE* 16.10.2020.

BRASIL. Supremo Tribunal Federal. Recurso Extraordinário 946.648. Relator: Marco Aurélio Mello. *DJE* 09.09.2020.

BRITTO, Lucas Galvão de. *O lugar e o tributo*. São Paulo: Noeses, 2014.

CAMPILONGO, Celso Fernandes. *Política, sistema jurídico e decisão judicial*. 2. ed. São Paulo: Saraiva, 2011.

CAPPELLETI, Mauro. *Juízes legisladores?* Tradução Carlos Alberto Alvaro de Oliveira. Porto Alegre: Sergio Antonio Fabris, 1993.

CARRAZZA, Roque Antonio. *Curso de direito constitucional tributário*. 22. ed. São Paulo: Malheiros, 2006.

CARREIRO, Genilson Rodrigues *Os novos mecanismos de controle da discricionariedade judicial da Lei de Introdução às Normas do Direito Brasileiro*. Belo Horizonte: Fórum, 2021.

CARVALHO, Aurora Tomazini de. *Curso de teoria geral do direito:* o constructivismo lógico-semântico. 5. ed. São Paulo: Noeses, 2016.

CARVALHO, Cristiano. *Ficções jurídicas no direito tributário*. São Paulo: Noeses, 2008.

CARVALHO, Cristiano. *Teoria do sistema jurídico:* direito, economia, tributação. São Paulo: Quartier Latin, 2005.

CARVALHO, Paulo de Barros. *Curso de direito tributário*. 23. ed. São Paulo: Saraiva, 2011.

CARVALHO, Paulo de Barros. *Direito tributário:* fundamentos jurídicos da incidência. 10. ed. São Paulo: Saraiva, 2015.

CARVALHO, Paulo de Barros. *Direito tributário:* linguagem e método. 7. ed. São Paulo: Noeses, 2018.

CARVALHO, Paulo de Barros. *Direito tributário:* reflexões sobre filosofia e ciência em prefácios. São Paulo: Noeses, 2019.

CARVALHO, Paulo de Barros. Entre a forma e o conteúdo na desconstituição dos negócios jurídicos simulados. Disponível em: https://encr.pw/hUl7c. Acesso em: 15 maio 2023.

CARVALHO, Paulo de Barros. O absurdo da interpretação econômica do "fato gerador" – Direito e sua autonomia – O paradoxo da interdisciplinariedade. *Revista da Faculdade de Direito da Universidade de São Paulo*, v. 102, jan./dez. 2007.

CARVALHO, Paulo de Barros. Para uma teoria da norma jurídica: da teoria da norma à regra-matriz de incidência tributária. Disponível em: https://l1nq.com/JKCHL. Acesso em: 27 ago. 2021.

CASTRO. Marcus Faro de. Direito, tributação e economia no Brasil: aportes da análise jurídica da política econômica. *Revista da PGFN*, Brasília, ano I, n. 2, 2011.

COÊLHO, Sacha Calmon Navarro. *Curso de direito tributário brasileiro*. 17. ed. Rio de Janeiro: Forense, 2020.

COSTA, Regina Helena. Tributação e direitos fundamentais. *In: Superior Tribunal de Justiça*. Doutrina: edição comemorativa, 25 anos. Brasília: Superior Tribunal de Justiça, 2014.

COURA, Alexandre de Castro; PAULA, Rodrigo Francisco de. Interpretação e aplicação das súmulas vinculantes e a cláusula "se for o caso": para uma análise crítica da pretensão de "aplicação automática" das súmulas vinculantes. *Revista de Direitos e Garantias Fundamentais*, Vitória, n. 4, jul./dez. 2008.

DARZÉ, Andréa Medrado. Da inconstitucionalidade da incidência do IPI na primeira saída. *In:* SOUZA, Priscila (org.); CARVALHO, Paulo de Barros (coord.). *30 anos da Constituição Federal e o sistema tributário brasileiro*. São Paulo: Noeses, 2018.

DERZI, Misabel Abreu Machado. *Modificações da jurisprudência no direito tributário*. São Paulo: Noeses, 2009.

DERZI, Misabel Abreu Machado. Mutações jurisprudenciais, em face da proteção da confiança e do interesse público no planejamento da receita e da despesa do Estado. Disponível em: https://sachacalmon.com.br/wp-content/uploads/2010/12/Mutacoes-jurisprudenciais-em-face-da-protecao-da-confianca-e-do-interesse-publico-no-planejamento-da-receita-e-da-despesa-do-estado.pdf. Acesso em: 23 jan. 2022.

DIAS, Ana Carolina Papacosta Conte de Carvalho. *Interpretação e aplicação do direito tributário:* fundamentos jurídicos da decisão. Tese (Doutorado em Direito Tributário) – Pontifícia Universidade Católica de São Paulo, 2010.

DWORKIN, Ronald. *Levando os direitos a sério*. Tradução Nelson Boeira. São Paulo: Martins Fontes, 2002.

FERNANDES, André Dias. *Eficácia das decisões do STF em ADIN e ADC:* efeito vinculante, coisa julgada *erga omnes* e eficácia *erga omnes*. 2. ed. Salvador: JusPodivm, 2020.

FERRAZ JR., Tercio Sampaio. *Introdução ao estudo do direito*. 4. ed. São Paulo: Atlas, 2003; 11. ed. São Paulo: Atlas, 2019.

FIORIN, José Luiz. A linguagem em uso. *In:* FIORIN, José Luiz (org.). *Introdução é linguística:* objetos teóricos. 6. ed. São Paulo: Contexto, 2020.

FISCHER, Octávio Campos. Arguição de descumprimento de preceito fundamental no direito tributário. *In:* FISCHER, Octávio Campos (coord.). *Tributos e direitos fundamentais*. São Paulo: Dialética, 2004.

FISCHER, Octávio Campos. Direitos fundamentais dos contribuintes: breves considerações. *Nomos. Revista do Curso de Mestrado em Direito da UFC*, v. 30, n. 1, jan./jun. 2010.

FOLLONI, André. Capacidade contributiva e dever fundamental. *Revista Direito Tributário Atual*, São Paulo: IBDT, n. 42, ano 37, 2º semestre 2019.

FUCK, Luciano Felício. *Estado fiscal e Supremo Tribunal Federal*. São Paulo: Saraiva, 2017.

GAMA, Tácio Lacerda. *Competência tributária:* fundamentos para uma teoria da nulidade. 3. edição. São Paulo: Noeses, 2020.

GONÇALVES, Guilherme Leite; VILLAS BOAS FILHO, Orlando. *Teoria dos sistemas sociais:* direito e sociedade na obra de Niklas Luhmann. São Paulo: Saraiva, 2013.

GRAU, Eros Roberto. *Ensaio e discurso sobre interpretação/aplicação do direito*. 4. ed. São Paulo: Malheiros, 2002.

GRUPENMACHER, Betina Treiger. Ativismo x garantismo judicial em matéria tributária – limites e possibilidades. *Revista Jurídica Luso Brasileira*, São Paulo: Martins Fontes, n. 04, ano 1, 2015.

GUASTINI, Riccardo. *Das fontes às normas*. Tradução Edson Bini. Apresentação Heleno Taveira Tôrres. São Paulo: Quartier Latin, 2005.

GUASTINI, Riccardo. *Interpretar e argumentar.* Tradução Adian Sgarbi, Frederico Menezes Breyner, Fernando Daniel de Moura Fonseca. Belo Horizonte: D'Plácido, 2019.

HESSE, Konrad. *A força normativa da Constituição*. Porto Alegre: Sergio Antonio Fabris, 1991.

IVO, Gabriel. *Norma jurídica:* produção e controle. São Paulo: Noeses, 2006.

IVO, Gabriel. Teorias sobre a incidência: a incidência como operação linguística. *In:* CARVALHO, Aurora Tomazini de (org.); CARVALHO, Paulo de Barros (coord.). *Constructivismo lógico-semântico*. São Paulo: Noeses, 2018.

JAMES, William. *Pragmatismo*. São Paulo: Martins Claret, 2005.

JUSTEN FILHO, Marçal. *O Imposto Sobre Serviços na Constituição*. São Paulo: Revista dos Tribunais, 1985.

KELSEN, Hans. *Teoria geral do direito e do estado*. 3. ed. São Paulo: Martins Fontes, 1998.

KELSEN, Hans. *Teoria pura do direito*. Tradução João Baptista Machado. 6. ed. São Paulo: Martins Fontes, 1998.

LEITE, Glauco Salomão. Inércia legislativa e ativismo judicial: a dinâmica da separação dos poderes na ordem constitucional brasileira. *Direito, Estado e Sociedade*, n. 45, 2014.

LIMA B. O consequencialismo e a argumentação Jurídica nas decisões dos tribunais brasileiros. *Revista de Direito Público*, Londrina, v. 15, n. 1, 2020.

LINS, Robson Maia. *Controle de constitucionalidade da norma tributária* – Decadência e prescrição. São Paulo: Quartier Latin, 2005.

LINS, Robson Maia. *Curso de direito tributário*. São Paulo: Noeses, 2019.

LUHMANN, Niklas. A posição dos tribunais no sistema jurídico. *Revista Ajuris*, Porto Alegre: Ajuris, n. 49, ano XVII, jul. 1990.

MARINONI, Luiz Guilherme. Eficácia temporal da revogação da jurisprudência consolidada dos tribunais superiores. *Revista de Informação Legislativa*, Brasília, ano 48, n. 190, abr./jun. 2011.

MCNAUGHTON, Charles William. *Hierarquia e sistema tributário*. São Paulo: Quartier Latin, 2011.

MELLO, Henrique. Aportes realistas ao estudo das fontes do direito pelo Constructivismo Lógico-Semântico. In: CARVALHO, Paulo de Barros (Coord.); CARVALHO, Aurora Tomazini de (Org.). *Constructivismo lógico-semântico*. São Paulo: Noeses, 2020. v. III.

MELLO, Henrique. *Os terceiros na sujeição passiva tributária e o alterlançamento*. São Paulo: Noeses, 2020.

MELLO, Henrique. Teoria comunicacional do direito e tipologia da legitimidade jurídica. *In:* BRITTO, Lucas Galvão de Britto (org.); CARVALHO, Paulo de Barros; ROBLES, Gregorio (coord.). *Teoria comunicacional do direito:* diálogo entre Brasil e Espanha. São Paulo: Noeses, 2017. v. 2.

MENDONÇA, José Vicente Santos de. Art. 21 da LINDB – Indicando consequências e regularizando atos e negócios. *Revista de Direito Administrativo*, 2018, p. 43-61. Disponível em: https://doi.org/10.12660/rda.v0.2018.77649. Acesso em: 28 jan. 2022.

MONNERAT, Fábio Victor da Fonte. *Súmulas e precedentes qualificados:* técnicas de formação e aplicação. São Paulo: Saraiva Educação, 2019.

MORAIS, Fausto Santos de. A nova LINDB e os problemas da argumentação consequencialista. *Revista Jurídica UNICURITIBA*, Curitiba, v. 04, n. 53, 2018.

MORCHÓN, Gregorio Robles. *Teoría del derecho* (fundamentos de teoria comunicacional del derecho). 3. ed. Pamplona: Thomson Reuters, 2010. v. I.

MOREIRA, André Mendes; ESTANISLAU, César Vale. Inconstitucionalidade superveniente da contribuição social de 10% sobre o saldo do FGTS em caso de despedida sem justa causa, instituída pelo art. 1º da LC n. 110/2001, face ao atingimento de sua finalidade. *Revista Dialética de Direito Tributário*, n. 227, 2014.

MOUSSALLEM, Tárek Moysés. *Fontes no direito tributário*. São Paulo: Noeses, 2006.

MOUSSALLEM, Tárek Moysés. *Revogação em matéria tributária*. São Paulo: Noeses, 2011.

NEVES, Marcelo. *A constitucionalização simbólica*. 2. ed. São Paulo: Editora Acadêmica, 1994.

NEVES, Marcelo. *Teoria da inconstitucionalidade das leis*. São Paulo: Saraiva, 1992.

NIKLAS, Luhmann. *O direito da sociedade*. Tradução Saulo Krieger. São Paulo: Martins Fontes, 2016.

OLIVEIRA, Manfredo A. de. *Reviravolta linguístico-pragmática na filosofia contemporânea*. 4. ed. São Paulo: Loyola, 2015.

OLIVEIRA, Rafael Carvalho Rezende. Análise de impacto regulatório e pragmatismo jurídico: levando as consequências regulatórias a sério. *Revista Digital de Direito Administrativo*, v. 8, p. 136-142, 2021. Disponível em: https://www.revistas.usp.br/rdda/article/view/182875. Acesso em: 28 jan. 2022.

PANDOLFO, Rafael. *Jurisdição constitucional tributária:* reflexos nos processos administrativo e judicial. 2. ed. São Paulo: Noeses, 2020.

PEREIRA, Roberto Codorniz Leite. O consequencialismo decisório e a sua importância para o direito tributário. *Revista Direito Tributário Atual*, São Paulo: IBDT, n. 38, p. 158-183, 2017.

PISCITELLI, Tathiane dos Santos. *Argumentando pelas consequências no direito tributário*. São Paulo: Noeses, 2011.

POSNER, Richard A. *Direito pragmatismo e democracia*. Rio de Janeiro: Forense, 2010.

POSNER, Richard A. *Problemas de filosofia do direito*. Tradução Jefferson Luiz Camargo. São Paulo: Martins Fontes, 2007.

RAMOS, Elival da Silva. *Ativismo judicial*. 2. ed. São Paulo: Saraiva, 2015. Edição do Kindle.

ROBLES, Gregorio. *As regras do direito e as regras dos jogos:* ensaio sobre a teoria analítica do direito. São Paulo: Noeses, 2011.

ROBLES, Gregorio. *O direito como texto:* quatro estudos de teoria comunicacional do direito. Tradução Roberto Barbosa Alves. Barueri: Manole, 2005.

SCHOUERI, Luís Eduardo. *Direito tributário*. 9. ed. São Paulo: Saraiva, 2019.

SCHUARTZ, Luis Fernando. Consequencialismo jurídico, racionalidade decisória e malandragem. *Revista de Direito Administrativo – RDA*, n. 248, maio/ago. 2008.

SEARLE, John R. *Expressão e significado:* estudos da teoria dos atos da fala. Tradução Ana Cecília G. A. de Camargo, Ana Luiza Marcondes Garcia. 2. ed. São Paulo: Martins Fontes, 2002.

SILVA, Artur Stamford da. *10 lições sobre Luhmann*. Petrópolis: Vozes, 2016.

STRECK, Lenio Luiz. *O que é isto* – decido conforme minha consciência? 2. ed. Porto Alegre: Livraria do Advogado, 2010; 4. ed. Porto Alegre: Livraria do Advogado, 2013 (Edição Kindle).

TALAMINI, Eduardo. A (in)disponibilidade do interesse público: consequências processuais (composições em juízo, prerrogativas processuais, arbitragem, negócios processuais e ação monitória) – versão atualizada para o CPC/2015. *Revista de Processo*, São Paulo, ano 42, n. 264, fev. 2017.

TASSINARI, Clarissa. *Jurisdição e ativismo judicial:* limites da atuação do judiciário. Porto Alegre: Livraria do Advogado, 2013.

TOMÉ, Fabiana Del Padre. *A prova no direito tributário:* de acordo com o Código de Processo Civil de 2015. 4. ed. São Paulo: Noeses, 2016.

TORRES, Heleno Taveira. *Direito constitucional tributário e segurança jurídica:* metódica da segurança jurídica do Sistema Constitucional Tributário. 2. ed. São Paulo: Revista dos Tribunais, 2012.

TORRES, Heleno Taveira. Modulação de efeitos da decisão e o ativismo judicial. *Conjur – Consultor Jurídico*, 2012. Disponível em: https://l1nq.com/9AFFE. Acesso em: 24 set. 2021.

VASCONCELOS, Arnaldo. *Teoria da norma jurídica*. 3. ed. São Paulo: Malheiros, 1993.

VILANOVA, Lourival. *As estruturas lógicas e o sistema do direito positivo*. 4. ed. São Paulo: Noeses, 2010.

VILANOVA, Lourival. *Causalidade e relação no direito*. 4. ed. São Paulo: Revista dos Tribunais, 2000.

VILANOVA, Lourival. *Escritos jurídicos e filosóficos.* São Paulo: Axis Mundi. IBET, 2003. v. 1.

VITORELLI, Edilson. A Lei de Introdução às Normas do Direito Brasileiro e a ampliação dos parâmetros de controle dos atos administrativos discricionários: o direito na era do consequencialismo. *Revista de Direito Administrativo*, v. 279, n. 2, p. 79-112, 2020. Disponível em https://doi.org/10.12660/rda.v279.2020.82006. Acesso em: 28 jan. 2022.

ZILVETI, Fernando Aurelio. *Princípios de direito tributário e a capacidade contributiva.* São Paulo: Quartier Latin, 2004.